우주문학 시선 1

Galaxy Sun

김영산 시집

Galaxy Sun

증보판

은하태양

■ 시인의 말

나의 『시마』 시집을
증보판으로 낸다.
나는 그녀에게 시밖에 바칠 게 없다.

2025년 2월
김영산

차례

▍ 시인의 말

008　은파
030　액자시
032　백비
040　비는 바다이다
043　은파
044　반지은하
046　연서 카페
048　연서시장
050　연시
051　은하태양
052　우주 시마
053　소녀 시마
082　은하태양의 조문
083　은하태양
092　Galaxy Sun
094　연시

095　산문
　　　시마 ― 우주문학의 육하원칙

은파

사랑의 탄생

 시마, — 나는 급살 맞고 죽을 놈을 안다. 얼굴에 풍이 오는지 자꾸 안면 근육이 일그러진다. 그 시인은 요즘 시를 근친상간해서 태어난 자식이라 우겼지만, 알고 보니 죽은 어머니와 연애한 듯도 하여 불쌍히 여겨졌다.
 그는 심하게 우울증을 앓으며 자낙스란 약을 먹었다. 나는 투석을 하는 사람의 다리 속에 벌레가 기어 다니는 것 같은 심한 간지럼 증을 느끼면서도 그를 찾았다. 우린 늘 함께였다. 지구의 문법에는 태어나면서 죽음의 문법을 배워가야 하는 어려움이 있다고 그는 말했다.

 사랑은 중간지대가 없구나
 미움은 중립지대가 없구나

 별과 별 사이를 재지 않는 게 좋겠다?

그는 게임에서 신을 찾고 있었다. 하얀 밤의 눈을 굴리며 게임을 하는 것이다. 모든 죽음의 게임 스스로 만들어진다. 게임 십우도 그리려 자신의 동굴을 파고 있었다. 게임신을 밖에서 찾지 마라,

죽지 않는 사막의 모래들이 별이 될 때까지,
모래폭풍이 분들 눈을 감지 않으리.

숱한 시들의 명구는
별처럼 쓸쓸히 빛나리.

그러다가 시구를 떠올리는지 조용해졌다. 우리는 지하철역에 도착했다. 갑자기 그가 외쳤다.

저기 육즙이 많이 나올 것 같은 여자가 걸어간다!

아 그녀는 한때 사랑한 연민의 여인,

오 서정시여

괴물이 다 되었구나!

구역질나게 아름다운 이름이여

인제 안녕!

어서 전철을 타고 떠나라,

나는 내 시를 패러디할 것이다.

시의 공장

시마에 걸린 시인처럼, 그 시인은 이렇게 말했다.

그들이 **게임신 인터넷신** 출현을 반가워할 리 없다고.

지금 각자 게임의 방에서 혁명을 하지,

나는 게임만 보면 피가 끓는다!

너는 무엇을 보면 피가 끓느냐?

"**난 시민군이었지.**" 먼 기억이란 금이 간 것이 많아서 말이 말을 붙들지 못하고 자꾸 조각이 떨어져 나간다. "소녀여, 첫사랑은 파괴되면서 시작되었노라." 그 시인은 젊은 날 첫정이 겁간당하면서 시작되었다고 했다. 그는 영화보다 영화(榮華)를 생각했다. 선사부터 줄곧 내용이 뒤바뀌는 영화는 있었다. 그날 총격전이 있은 후 잠시 소강상태일 때를 기억해 내었다. 큰길로 나서자 "살인마!" 소리가 들렸다. 막다른 골목 돌아 대학병원 광장에 그가 있었다. 그때부터 염하지 않고 묻히지 않는 것을 영화 장면처럼 떠올렸다. 탄환이 스친 시는 반쪽이다— 팔다리 덜렁거리는 마네킹들, 그는 관을 떠메어 가는 시민을 따랐다. 그 영화를 보던 그가 영화는 믿을 게 못 된다 했다.

우리에게 언제 신혼이 있었던가. 우리가 쓴 시가 우리를 쓸 것이다. 혼곤한 잠결에도 아기 등을 다독거리던 쌀뜨물 같은 하얀 손, 어디 두었는지 모르네. 어디 무덤인들 없으랴, 파묘해 버리게나. 공동묘지를 곧 옮긴다는군. 동지(冬至)여, 동지여

한 해가 저물어요,

한 시대 ㅋㅋ

긴 치맛자락 그림자 끌며

그녀는 이사 갔다. 23세 H, 처음 이 도시의 안개 부두를 보여준 그녀, 지금껏 흐려 지워지지 않는 젊은 날의 안개처럼

여전히 안개— 짙은 심중을 모르겠고

모두 범벅인 채 나타나 사라지는 벽화

신장아, 밟아 죽여라! 하얀 하체 음녀

한쪽 눈 감고, 한쪽 눈 올려보며 웃어

그 여자 성녀인가 성녀(聖女)인가

태양이 한 곳만 비추면 타죽는다.

원소의 전자수가 불완전함으로 결합한다!

너 물질이여, 사람이여— 부족의 에너지가 우주를 통합시킨다

그래서 부족한 것이 시라는 물질

암흑물질이 검정이 아니듯

우리는 우리가 도착할 색깔을 모른다.

그 옛날 실험실에서 맡았던 화공약품 냄새 같은,

달걀 썩은 냄새 황화수소(H2S) 같은,

흰 가운에 스민 젊은 날의 얼룩이여

내가 출근하던 공장은 없겠구나, 시여. 나는 젊은 날의 시집을 펼쳐 들 수가 없다.

병원

 자신이 살인을 했다는 사실을 내가 모르는 줄 안다. 그 시인은 30년째 도망자—그러고 보니 15년 살인 공소시효가 지났다—가 되어 전국 팔도 벌판을 돌아다닌다. 비닐하우스 짓는 일을 하며 지금 과천 비닐하우스촌에서 20년째 혼자 산다. 방 한 칸 연탄을 때며 다 타버린 연탄 허옇게 쌓아가며.
 내가 그와 친한 어느 고아 시인에게 들은 바에 의

하면 군 복무 중에 고참에게 구타를 당하다 분기를 참지 못해 살인을 저질렀다고 한다.

  그는 자신이 쓴 시를 누구에게 보여주지 않았는데, 방안에 수없이 날리는 파지, 암호문 같기도 한 것이 섞여 있는 시들을 비닐하우스 방 하얀 벽면에 깨알같이 적어 놓곤 했다. 그는 우리 미래의 기억을 종종 얘기했다. 요즘 젊은 게이머들보다 먼저 외계에 다녀와 **우주시**를 쓰려 병이 났는지 모른다. 그러다 자기도 모르게 꼭꼭 숨겨둔 과거 끄집어내어 저를 죽이는지 모른다. 벽지에 조각도로 조각하듯 시를 쓰는 그가 내 선량한 과거에 칼을 들이댈까 봐 두려웠다. 나는 짐짓 과거를 모른 체하며 이상한 시를 해독하려 했다. 그러다 시를 위해서라면 **또 살인하고 싶다**는 구절을 발견하곤 소스라치게 놀라 방을 뛰쳐나왔다. 여태 그 살의의 눈빛을 잊을 수 없다.

  사람의 눈에 무엇이든 담을 수 있다. 그런데 시에게 그런 눈이 있나, 눈이 있다면 너는 무엇을 보느냐

  시는 천수천안관음이지만

  시인은 한 개 눈으로밖에 보지 못한다

시에는 금기가 없구나, 종이의 공포를 아는 자여

왜 내가 욕을 해대는 곳마다 명편이 태어나느냐?

태풍이 바다에서 동력을 얻듯

젊은 시인은 **게임**에서 동력을 얻는다네.

옛날의 공장에서 먼지가 날리네.

과거여, 나를 흔들지 마라. 시마에 걸려 부두까지 흘러 왔구나

어제는 버려진 배를 끄는 예인선이 왔다

당신은 나의 미 나의 글
미 중의 미
내 뻘 밑까지 예인하는 미의 글

버려진 배를 예인선이 끌고 부두로 돌아왔다

오랜 기다림에 밀려온 배여

수없이 다녀간 배와 다를 것 없지만
그 배 타지 말아야 할 것을
새 것이라고 우기는 그곳에 탄 것을 후회한다

내 글의 미는 붙잡고 매달리고 애원했지만
나는,
나의 글을 버리고 낡은 배를 타고 먼 항해를 떠났던 것이다.

부두의 철강지대

옛날의 공장에서 먼지가 날린다

내용을 봉해 놓은 고깃배처럼

나는 배 안의 물고기를 볼 수 없다

이미 게임은 문화가 아니라 문명이지만

게임문명 인터넷문명

전 지구적으로, 전 우주적으로

도대체 어느 바다를 흘러온 물고기들이냐?

우연히 스치는 시— 빈 배에 우리가 속고 있는 것인가

텔레비전처럼, 텔레비전처럼

화면은 분을 바른다

인터넷도, 화면이다— 우연히 스치는 또 하나의 시

이 시대 얼굴은 그릴 수 있나?

너무 복잡한 인면 아닌가

나는 부둣가에서 얼마나 서성거렸는지 모른다.
쌀뜨물 같은 흰 부둣가에

나는 죽어지내며 배를 기다린다

그러다가 문득 그 시인의 중얼거림이 들린다, 요즘 시는 너무 참회가 많고 반성이 많아, 반성 과잉

누구도 볼 수 없게 시를 봉인하라,

시의 죽음

앞으로 견뎌야 될 죽음들이 너무 많구나, 나는 내 시로써 나를 염하고 가겠다. 염장이에게 묻노니, 나는 죽었느냐? 유골 빻듯 싸늘히 웃으며 화장장보다 뜨겁고, 납골당보다 차가운 곳 어디 있느냐? 다시 물어도 그는 대답 대신 내 입에 시를 넣어준다, 여태 죽음에 이르러보지 못한 시인은 시를 모른다고.

그래서 목을 매단 시인은 황홀했는가. 요즘도 자살한 시인이 있는가. 갑자기 떠오른 의문—시는 자살하는가. 왜 **십우도**란 시를 남기고 자살했는가. 사흘 만에 주검 발견하고 경악하기까지, 그 죽음이 시인가. 그 시인을 위한 조시는 오히려 시를 위한 죽음, 시의 탄생 부활을 위한 광기어린 환희의 노래에 바쳐진다. 극단의 시인이여, 극선과 극악은 같은가. 하기야 죽음이 시를 거룩하게 하는지 모른다. 또 다른 시인 하나도 천천히 자기를 죽여 갔으니, 자살을 해가며 시를 썼다. 우리는 시를 위해 순교할 수 있나. 시가 시인을 위해 순교할 수 있다! 그 시인이 죽기 며칠 전에 비가 그친 새벽 거리에서 만났다. 그 시인은 우산 얘기를 했다. 내게 우산을 받쳐줬으면 했다. 이미 비가 그쳤는데 무슨 우산이냐, 그가 하늘에 대고 종주먹질 했다. 그는 사신을 본 것이냐? 죽음의 환희는 있느냐.

 그때 **그때** 다 다른 빛, 모양, 느낌, 방향, 색감! 아름다운 그녀 벌거벗은 채 외친다, 성자(聖者)처럼. 죽고 싶어, 몸을 그어버리고 싶어, 성냥불처럼 확! 타들어가 흰빛이 정수리 눈동자 몸 구석 세포 하나하나 빛무리 터져, 세포마다 시간 공간 빛이 떠오르니! 그 흰 빛 가장 강하게 와서, 가장 강하게 사라진다. 완벽하게 강하게 왔다, 완벽하게 사라진다. 그 강렬함 왜 순간 사라지나? 결국 망각 있어 새로운 빛 온다? 순간 희열 잦아든다. 다시 절정의 기억 사라지고 또 다른 절정, 갈망으로!

 꽃은 필까 말까 망설이지 않는다
  인간만이 망설인다
   기억 때문에

  용암이 들끓고
  용암이 들끓고

   용암처럼 분출

　　　　마성이 들끓고

　부드러운 혀에 풀독이 오른다,
　　마성이 들끓고

거리의 죽음 너무 달콤해 바람의 **혀**가 맛을 본다

모든 질주하는 것을 바람이 낳았다

너는 어느 **오토바이**를 타니?

　지금 프랑켄슈타인처럼, 음산한 11월의 밤, 음산한 서정시의 달이다. 지구의 달력에서 11월을 빼버리면 어떻겠소? 초조하게, 서정 시인이 눈을 기다리는 달, 가장 깨끗한 눈, 짓밟히는 달, 자본주의는 순교를 인정하지 않는 바퀴 같아서 오토바이가 제격이라오.

　나는 **고독사**한 계절을 본다. 나는 게임광, 내 방 유리창에 고독사한 늙은 계절이 왔다 간다. 우린 늙지 않아 괴롭고, 죽은 지 몇 달이 되어 구더기가 나오는 입을 깁는 생, 창밖에는 여전히 게임의 방을 엿보느라 죽음의 계절이 기웃거리고

게임 심우도

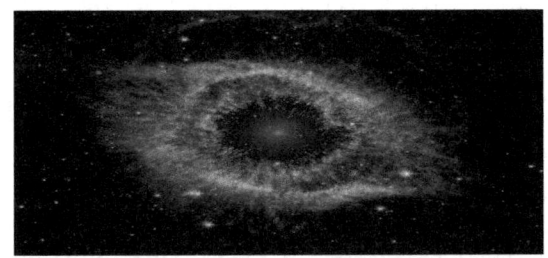

 기억이 없으면 죽음도 없다. 고통 없는 나라, 식물은 기억이 없다. 나무를 자른다고 죽은 나무가 기억하나. 기억이 없는 밑동에서 싹이 자란다. 바라보는 연민이 아프다. 기억이 없는 나무는 아프지 않다. 나무에 개를 목매달아 죽인다고 혓바닥 늘어뜨린 죽은 개가 기억하나. 돼지머리를 자른다고 돼지머리가 기억하나. 단두대에서 사형수 머리를 내리친다고 사형수 머리가 기억하나.
 그 시인은 말했다, 기억이 없어야 다시 태어날 수 있다. 기억이 있으면 나밖에 될 수 없다. 기억이 없으면 모든 (무)생물이 될 수 있다. 나무로, 꽃으로, 개로, 어머니로. 모든 두려움 죽음은 기억에서 온다. 호킹은 기억의 문제를 간과했다. 모든 원소가 기억이 있다면 죽는 것보다 괴롭다 했다. 기억은 물질이

냐고 물었더니 그건 아니라고 했다. 단백질 덩어리와는 다르다 했다.

  서양은 빅뱅이 하나이지만 동양은 빅뱅이 여럿이라 했다. 서양의 끈이론, 동양의 끈 인연의 끈은 어디서나 빅뱅이 일어나 우주를 돌고 도는 **거대한 끈**에 작은 끈이 너울너울 빅뱅이 일어난다.

  과학에서 융합의 문법이 시에서 서정이라면, 분열의 문법은 반서정이다. **우주에는 문법이 없다!** 빅뱅이 일어나, 별들이 뭉치고 멀어지는 까닭, 흩어지는 까닭, 남이 되는 까닭, 한 형제로 태어나 남이 되는 까닭, 돌이킬 수 없어서, 멀어질수록 빛나는 별의 문법, 문법조차 모르는 암흑물질? 갈대들이 수직으로만 자라는 걸 보지만, 갈대는 사실 치열하게 모래언덕을 넘어 뿌리에서 뿌리를 뻗어 마디마디 갈대를 심는다. 바람이 없어도 수평이 수직이 되어 오른다.

  우주 탄생 보려면 시간(위로 솟은)의 절벽 더듬으며 가면 된다. 시공의 판관이 허락한다면. 그 시인은 판관은 자기 자신이라고 했다. 기억이라고 했다. 분열하는 나라, 분열하는 나를 쓴다 했다. 더 이상 쪼갤 수 없는 소립자인 어머니 원소를 기억할 수 없을 때까지, 우주에는 강한 자들이 많다 했다. 약한 힘이 오히려 어머니 중력이라 했다.

기억이 없으면 예수도 석가도 없다 했다. 기억이 없으면 신도 없다 했다. 나는 물질에서 나온 기억이 물질이라면 어떡할 거냐고 물었다. 그가 산 자들의 기억은 믿을 수 없다 했다. 우리는 심한 언쟁을 하며 전철역을 빠져나와 대학로를 걸었다. 빌딩 사이 초승달이 걸려 있었다. 나는 경악했다. 월식도 아닌데 검은 달이 보였다. 나는 검은 달을 종이처럼 오릴 것 같아 두려웠다. 그 시인은 착시현상이라 했다. 게임 불야성처럼, 우리는 죽음의 게임을 하고 있다. 게임은 죽음에 대한 **미래의 기억**이다.

기억이 메모라:괴수형 레시:정령형 이풀루아:반인반수형 카테리언:인간형 헴머드:악마형 데메라톤:돌연변이형을 낳았다.

악마를 죽이는 자 곧 악마가 되리라.

신과 악신 사이 그 중간쯤 인터넷신이 나타났다; 거기에 7계가 생겨났다, 우주 6계에서 **게임계**가! 영원한 전장에선 비문, 관도 필요 없다. 화장되지만 죽지 않는다. 바람과 구름 없는 세상 있다, 게임에는 생로병사가 없다. 시의 축복이었다니, 그나마 인간은! 올 때까지 왔다 생각 마라, 기억이 없어질 때까지 죽음의 시는 써질 것이다.

거대한 우주문명 하나로 접속시키다,

세상의 모든 게임계

변종 바이러스 이름들의 욕망이다?

인터넷 언어 프로젝트A3 게임의 전사처럼

〈정의〉〈불의〉의 검을 지녔다.

우리 모두 별이고, 무기인가

악마를 무찌르는 자 곧 악마가 되리라

R2의 무대는 중세 절대 강자가 없다.

화염의 탑을 조심하라, 불길 속을 가는 생은

오히려 화인의 기억을 잊기 위한 것이리.

왜 화련(火蓮)은 없는가, 사람 몸에 핀 불꽃

한여름에도 긴소매를 입고 광장에 서 있던

거무죽죽 화상 입은 소녀여

나는 목덜미가 달라붙은 네 얼굴 기억하지 않으려

불길을 빛의 속도로 달려야 하느냐.

시의 장례가 치러지고 있다

  시의 귀환은 언제나 쓸쓸하다. 날 저물어 서정시 객을 맞이하려 열어줄 대문은 없다. 낮엔 죽었다 밤엔 살아나는 마법의 거리, 게임의 거리 불야성 시가 제격이라오. 내 영혼 파괴시킨 시는 있느냐? 그 시인 가만히 웃는다. 내 시도 내게 왔다 갈 뿐, 내 시가 아니다! 술 끊은 지 십오 년이 지났는데 여전히 죽고 싶다. 죽음이여, 내게 시는 네 기억이다. 나는 한때 탁란하듯 시를 보내야 했다. 내가 보낸 아이처럼, 누가 내 시를 잘 키워다오? 내 기억 속 모든 명구를 버리마. 내 시를 누구도 볼 수 없게 봉인하랴, 내 슬픈 명편 없구나! 나는 인제 착하게, 착하게만 살아도 되겠구나. 내 서정의 악순환— 상처의 하품! 서정의 인간적인 가면 조심하라, 신을 믿지 않는 자 독해질 수 있다. 우주에 뿌리내리지 못한 들러리 인생! 우주의 눈은 별이 죽으며 생겨나, 순간! 네 종교는 시다! 종교는 독하지 않나? 자살은 독하지 않는 사람이 취하는 마지막 삶인가, 이런 헛소리, 내 뜻대로 시가 써지는 게 아니다. 우연히, 시는 오는 것이냐. 모든 마는 나쁜가, 시마여, 누군들 제 시가 마음에 들랴. 빌딩의 계단처럼 생각에 잠긴다. 오 거리여 거리의 마법이여 죽음을 보여라! 나는 한 번도 거리의 시를 쓰지 않았노라―백년 넘게 건물 짓듯 그런 시를 쓰랴. 언제든 단어 하나는 바뀔 수 있다―아래 아래로 지하 계단 빠져나온다. 꼭 맨홀에서 고개 내미는 것 같다. 다리 없는 어부의 다리가 배이듯 불구의 시인에게 시는? 의족이면 좋겠다. 의사가 수술대에서 환자의 창자 헤집고 배를 깁는다. 나도 내 시를 파헤치며 아픈 곳을 찾아 깁는다. 우리는 아무도 기억해주지 않는 시를 쓴 것이다. 암병동 시체가 될 시간, 그런데 왜 너는 죽지 않는가. 태풍이 바다에서 동력을 얻듯 지구의 기억은 네게 저장된다. 바람의 비밀 밝히려는 시편 많구나,

 오래전 장님이 된 시인

친구에게

물었다.

세상이 어떻게 보이니?

점자책을 더듬듯 그는 말한다.

그냥 검어,

아니 하얘,

아니 실은 조금 보여,

큰 덩어린 보이는데 자세히 안 보여.

사람 꽃 나무 별 달 윤곽 보이는데.

환하게,   환히!

뇌는, 눈은 한 번 망가지면 회복 안 돼.

책은 보이는데, 글 씨 는 안 보 여!

백지 같은 책!

흰   책!

아 니 검 은 책?

　나는 시들이 붐비는 거리를 걷다가 노숙한 시들에게 물었다. 너는 너무 죽음에 집착하느냐? 고통의 축복 헛소리, 완성의 시는 없다. 시는 실험에 불과했다. 내 시가 원하는 대로 나는 돼 버렸다. 거리에서, 이 바보야 죽음은 나쁘지 않아, 내가 나를 불러 세운다.
　백지처럼 기억 남기지 마라, 그러면 흰 종이는 크게 신음한다. 기억을 남기려, 지우려 마라. 기억의 양면성이냐? 그러나 완전한 백지는 없다, 쓰면 쓸수록 검은 종이…… 검은 비석인지 모른다! 시를 불러 세워 무엇 하랴, 내 시가 나를 배반할 것을 안다.
　나는 게임의 시를 썼다. 게임 제국 지나며 보라, 천사 반인반수 괴물 죽음 그칠 날 없다! 모든 죽음은 게임이다. 나는 내 시가 두렵다. 내 시가 나를 기억

한다. 어디에 구원의 시 있으랴, 내 시는 죽음의 행간에서 다소곳이 말한다. **나는 인제 착하게, 착하게만 살아도 되겠구나.**

액자시

우주 시마여, 우주는 끝이 아니라 항시 시작이어서 시를 쓰지 않으면 안 됩니다. 네모나고, 둥근 액자. 삼각형 액자. 우리는 액자인가? 무엇에 갇혀 사는가? 이제 액자시밖에 남은 게 없습니다. 나는 액자시만 썼습니다. 별이 아니라 별 모양 액자별이었습니다.

우주 시마여, 시는 쓰면 쓸수록 액자가 되어갑니다. 액자 게임 때문인지 모르겠습니다. 시보다는 나는 성자를 찾아 나서겠습니다. 시는 성자를 찾아 나섭니다. 하지만 모두 게임 속 성자일 뿐입니다.

우주 시마여, 시를 쓰면서 점점 액자가 되어갑니다. 시마 시집은 없는 데 시를 쓰느라 삼십 년을 견딥니다. 또 삼십 년을 기다립니다. 이래선 안 될까봐, 성자를 찾아 나섭니다. 성자는 탕자의 시집 속에 있습니까.

나는 지금 성자 이야기를 쓰고 있지만 장례식장 이

야기만 쓰고 있습니다.

　액자시를 쓰고 있습니다. 액자시는 빗돌입니다. 빗돌은 액자시입니다.

　무덤 시마도 있습니다. 무덤도 액자입니다.

　소녀 시마여, 왜 내게서 떨어지지 않는 겁니까? 서오릉에 나를 이끈 것도 소녀 시마. 서오릉 시를 쓴 것도 소녀 시마. 왜 무덤의 액자에 담겨있습니까? 우리는 모두 액자 시인입니다. 집에서 액자를 떼어내어 영구차에 싣고 공동묘지에 왔습니다.

백비

—어떤 까닭이 있어 글을 새기지 못한
비석을 일컫는다.

  이 지구에 이름과 빗돌과 동상이 없다면 산소와 물 없는 행성의 사막과 같을 것이라고 그 시인은 말했다. 그는 젖은 모래라, 사막이 돼 가는 몸 어디에 물이 나와, 젖은 모래라, 그리 명명하고픈 그 시인이 죽기 전의 기록이 백비이다. 죽음의 기록은 죽음의 기록이 아니라 삶의 기록이어서 조심스레 생의 시간을 죽이지 않으면 안 된다.
  이 지구에 큰 빗돌 하나 세우면 지구는 무덤이 된다. 지구인은 많은 기록을 남기려 하지만 몇 평 서책이 평생 공부인 까닭에 그리 쓸 말이 없음을 알리라. 언제부터 화장이 는 것도 그 때문이다. 도대체 인간의 기록이란 생졸이 바뀔 때가 많아 죽음이 생을 새기는 것이리라, 헷갈리지 마라.
  이 지구에서 죽은 자와 소통은 산 사람이 많은 기록을 남기려 하면 할수록 어려워진다. 그가 모래처럼 말했다. 내 빈 빗돌 위에 기억 남기려는 자들과 지우려는 자들이 충돌할 때가 있다고. 나를 넘어뜨린 것도 그들이야. 나는 그들의 경계에서 비문 쓴다. 언젠가 나를 일으켜다오.

 이 지구의 빗돌 위에 큰 전쟁이 일어나 쪼개져 버렸다. 보기 좋게 누운 빗돌 하나가 마치 상석 같아 제를 지내도 좋을 성 싶었다. 하지만 기록을 남기려는 자와 지우려는 자가 있는 한 그리 못 된다고, 너무 할 말이 많아 백지같이 남겨두어도 기억이 살아나고 기록을 하여도 지워져 가는, 허옇게 억새밭이나 되자고 그 시인이 어디 묻혀서 자빠져 자는지 모른다. 그는 지구인이었던 기억을 지우려 하지 않아도 된다. 모든 비명은 침묵한다.

 이 지구는 우주에서 무덤이다. 생명체가 그걸 증명하니까. 외계에서 보면 전쟁의 핵폭발도 축포를 터뜨리는 일로 보인다. 시체들은 확 성냥개비 태우는 것이리. 떼죽음보다 한 죽음이 크게 클로즈업된다. 죽음도 욕망이라 빗돌이 두 개로 쪼개져 버렸다.

 이 지구에 시도 역사도 종교도 빗돌을 많이 세웠다. 나무의 기억은 나이테이고 시인의 기억이 시라면 지구의 기억은 무엇인가. 산 자들의 몸에 새겨진 죽음의 기억이다. 새기는 것, 지우는 것이 팽팽히 맞서라! 서 있거나 눕고 싶은 **우리는 모두 빗돌이다!**

 그러니 지구여, 모든 글자는 유서인지 모른다. 개인, 나라, 전 지구적으로 이젠 전 우주적으로 지구의 죽음을 알릴 때가 되었다. 지구인이 벌이는 스포

츠, 터뜨리는 불꽃놀이, 올림픽, 중국 **사해동포(四海同胞)**까지도 죽음의 축제인지 모른다. 어디 그만한 장례행렬이 있는가.

지구의 국경은 공동묘지 구획일 뿐이다. 국경예찬론자들은 제 무덤을 지키려는 것이다. 내겐 지킬 무덤이 없다오. 비는 있는데 무덤이 없다오. 비를 일으키려 마시오. 비도 사라질 것이오. 그런데 당신, 나를 찾아다니니 우습지 않소!

지구의 무더위에 지쳐 그날 나는 친구를 찾고 있었소. 무덤 위에 또 무덤들 —이십 년 세월 동안 — 무덤이 늘고 늘어 한 무덤을 찾을 수 없으니, 억새가 우거지고 억새 무덤이 되었더군. 인생은 짧아도 하루는 길던가, 기독교 묘지는 영 맘에 들지 않아. 무덤도 비슷비슷 찬송할지어다! 겨우, 무덤에 소주 시집 과일 올리고 제 지냈다. 비를 더듬었다.

24세 졸. 양진규 — **살아서 내가 할 일이 있다 그것**

은 무엇인가 민중의 힘을 믿고 민중과 더불어 세계를 변혁하는 것이다 — 묘비명! 죽기 하루 전 일기를 새겼다. 당시 반쪽 88올림픽 반대하여 투신한 친구, 역사는 믿을 게 못 돼, 기록이 없다. 아마 이번 중국도 반대했을걸. 욕망에는 좌도 우도 없다, 우연히 스친다! 죽은 친구 음성이

 오 가엾은 연민이여, 비명은 쓰지 마라
 욕망에는 좌도 우도 없다!

 지구 작은 나라 작은 섬에도 기록 남았지만 쓸쓸하오! 백비는 할 말 너무 많아 쓰지 못해 남겨두었더니 어느 나그네 많은 걸 읽고 가오! 비를 기록했지만 읽는 자 누구? 발길 끊긴 지 오래오. 비는 산 자가 남긴다! 비는 죽은 자가 남기느냐? 비는 먼지인지 모르오. 지구의 이사는 먼지, 비를 남기는 것이오. 침대 모서리 보시오?

 침대를 들어내니 모서리마다

  수북이 먼지가 쌓여, 쌓여

   먼지여 내가 잠들 때 머리카락 비듬 쌓여

사람이 먼지다! 이사

갈 때야 나를 만난다, 나는

나를 묻히며 이사 간다

 나는 죽고 싶을 때마다 이사를 다녀. 죽기 전엔 지구에서 지구로 이사 가는 것에 불과하지만, 내가 잠들 때 잠들지 않고 쌓인 먼지가 한 됫박은 돼 햇볕에 말리고 싶어져 이사를 다녀. 비 오는 날 이사하는 영혼은 젖은 구두를 좋아하는 자들이지! 지구의 무국적 그 시인은 담배 연기를 풀풀 날린다.
 지구에도 바람 없는 곳이 존재해. 바람과 바람이 거세게 불수록 바람이 없는 지대가 생겨. 점, 입체, 여러 모양으로 순간 나타났다 곧 사라져 버려. 흐르고 흐르던 바람이 서로 절벽처럼, 겹쳐지지 않고 통과하는 빈자리. 아무도 없는 무풍지대 그 곳이 내 무덤이야. 거기에 내가 담뱃불을 붙여!
 지구의 정치도 역사도 바람 없는 곳 있지. 담뱃불을 붙이는 곳, 하여간 평화지대 같은. 찰칵! 찰칵! 라이터를 켜도 가스가 폭발하지 않는! 천둥 번개 쳐도 놀라지 않는, 끽! 차사고가 나지 않는, 화, 화, 불타도 뜨겁지 않는!

지구에도 외계가 있어. 빗방울 속을 들여다봐. 바람이 불지 않는 바람 불면 사라지는 영롱한 묘비 같은 큰 침묵이 사는 허공 담은 눈을 봐. 눈보라 속에 음악이 울리면 누가 박수를 치는 걸까, 젖은 바람 속에 눕고 싶어. 물풀 속을 막 헤치고 나온 물고기 모양 얼음을 봐.

지구의 바람은 날마다 이사 다닌다, 젖은 구두를 신으려! 바람은 죽음의 음악 소리 낸다. 먹구름 속 천둥을 부른다. 비가 오기 전 번개 친다! 모든 찬연한 것이 먼저 온다. 우주의 눈, 태풍의 눈이여. 바람 속에서 생기지 않는 것이 있으랴. 그 바람을 누가 만들었나? 바람 없는 곳에서!

바람의 색은 모든 색, 저를 보여주지 않고 보여준다. 죽음의 색깔만 진한 게 아니다. 나는 관에게 부탁해서라도 바람을 가두고 싶었다. 썩는 냄새가 날까? 바람의 시취는 역겹다! 인간은 바람이 하는 일의 일부만 본다. 죽음을 얼른 덮어다오. 바람아 어느 계를 다녀왔느냐?

지구의 바람은 지구의 바람만이 아니라오. 천상에서 지하까지 종횡무진 쏘다니는 무뢰한이오. 우주의 비밀을 가장 많이 아는 건 당연하오. 남의 무덤 속까지 들여다 볼 수 있는 눈! 그는 가혹하지 않아 죽은 자의 비를 어루만지는 손길이기도 하오. 비는 어둠의 편도 빛의 편도 아니라오, 나는 비 속의 비라고 그 시인은 말했다. 거대한 비 속의 또 하나, 하나의 비가 사람이라 했다. 비 또한 먼지여서 먼지들의 집합이 거대한 비라 했다. 그러고 보니, 내가 백비였구나. 나는 나에게 나직이 속삭였다. 비가 먼지라면 오오 현란한 빛도 먼지였다! 나는 나직이 외쳤다.
　지구의 현란한 먼지, 소용돌이치는, 활활 타오르는, 춤추는, 가라앉아 심연에서 턱을 괴고 생각하는 먼지는 빛이다. 빛먼지여! 어느 사람도 죽지 않았노라, 꿈꾸는 먼지여 또 어디로 가는가. 광휘에 싸인 **빛먼지**여. 황금부스러기보다 이름 없는 비가 값지다, 죽음의 교과서를 펼쳐라! 인간의 역사와 철학, 모든 과학과 음악이 여기 있다. 환희의 노래는 죽지 않는 죽음의 노래! 신도 먼지다! 사람도 먼지다! 비도 먼지다! 빛도 먼지다! 다만?

　인간의 마을에 혼불을 달다,
　꺼지지 않는 바람의 손이!

―바람의 빛은 어디서 왔나 모든 빛을 일렁이며―
결국 바람도 아니고 물도 아니고 섬광도 아니고 반딧불도 아니고 더 가느다란 미세한 빛이어서, 희미하진 않지만 희미한 빛이다! 보여주진 않지만 보여준다. 나는 내 안의 나에게 말한다. 비에게 말한다. 한 점 빛이 인간의 시작이었다!

먼지여 먼지여 비여 빛이여 비가 활활 타오르다, 불티가 재티가 날린다. 오 먼지여 비여 생의 빛이여 빛먼지여. 빛과 비와 먼지는 하나였구나. 먼지의 광채를 보는 자는 죽으리라. 관 뚜껑을 열지 마라, 이미 관도 없으니! 날렵히 빠져나오는 바람의 허리를 붙잡아도 소용없다! 네 먼지를 보지 못한다면!

지구의 백비마저도 언젠가 먼지처럼 사라진다. 나를 누워있게 이대로 두어라. 역사여 나를 일으키지 마오! 아무것도 쓰지 마오. 나도 몰래 내뿜는 흰 빛만 보아다오. 그것은 내가 내는 빛만이 아니다, 네 비를 비춰다오. 모든 비를 비춰다오. 명암을 비춰다오. 격정의 시는 아직 무덤에 이르지 않았다! 내 비에 기록을 남기지 마라. 기록하는 순간 먼지 되리라.

비는 바다이다

시마왕이여, 서오릉 왕릉에서 저 사과밭을 보면
무슨 생각이 드는가?

"벌써 무덤 맛이 들었겠군.
질투가 심해진 시의 사과!"

시마왕이여, 당신의 질투의 여자들이
옆에도 누워 있지만

무덤도 질투하니! 시의 질투 때문인지
사람도 죽고 사과를 모르니,

시마왕이여, 빨갛게 익은 볼살을
한입 베어 물고파.

    *

이제 사과 이야기는 그만두고
그게 시에 대한 맛일지라도
귀신 맛보다는 낫겠지.

더 이상 말하지 않겠다. 시의
질투는 바다와 같고 시인의 질투는 파도와 같다!
바다보다 질투가 심한 곳이 있으랴?

질투가 심하기론 바다보다 끈질긴 시가 있으랴.
소녀 시마와 묵호에 갔을 때
밤새, 거센 비바람이 시샘하여
건물 절벽을 삼십 미터 파도의 머리가 솟구쳤다.

건물이 무너지지 않은 게 이상했다. 건물 아래 암초 때문인지 모르지만. 술을 끊은 지 십오 년, 몰래 마신 술로 암초에 뛰어내리고 싶었다. 다음 날 우리는 방파제로 나갔는데 테트라포드 경고문이 있었다. 들어가기 쉬워도 나올 수는 없습니다.

지구는 들어가기 쉬워도
나올 수 없는 나의 감옥

시마왕이여, 우리는 액자시를 쓰기 좋아합니다. 시 속의 시. 시마 소녀와 나는 액자시를 좋아합니다. 지구가 답답해서 그런지 모르겠습니다.

바다 시마를 보러 갔는데 산의 시마를 보고 왔다

높은 산파도 아직도 파도 소리가 들린다

숲에 오면 모든 파도 소리는 솔바람 소리가 된다

 시마왕이여, 우리는 보았지요. 묵호 바다에 두 번째 갔던 날 보았습니다. 마침내 천지창조를 보았습니다. 날씨는 맑았고 달과 별이 떴는데 마치 바다와 같은 하늘이었지요. 우리는 절벽 건물 베란다 위에 알몸으로 벌벌 떨며 외쳤습니다. 오 죽고 싶어, 천지창조여!

 바다를 옮겨다 놓은 하늘빛, 하늘의 파도를 감당할 수 없어 우리는 황홀한 취한 배가 되어 흔들렸습니다. 일찍이 위대한 시인들이 맛본 천지창조는 내 시로는 담을 수 없었던 겁니다. 거대한 바지선이 흔들거리며, 바다와 하늘이 서로 시샘하여 — 맞아요 공동묘지에서 가장 별이 잘 보이지요 — 파도 무덤이 출렁거리고 거기서 별이 생겨나는 겁니다.

은파

달항아리를 감싸 안은 어린 딸 은파를 위해
내가 그때 볼펜을 꺼내어
조의금 봉투에 쓰다 보니

횡설수설 연시가 되어버렸다
문상객도 시인 몇 명밖에 없어서 그랬는지
나는 그녀에게 시밖에 바칠 게 없다

그녀 망우리 공동묘지는
시인 공동묘지여서
시인은 죽음도 낭비하지 마라

반지은하

그녀의 아름다운 무덤에 엎드린 사내가 있다
그녀가 낀 금반지,

그는 제가 만든 무덤에 엎드려 맹세한다
모든 맹세는 무덤인 것을

아름다운 무덤이여 봄의 혼례여
내 시설을 들어라

    반지는 영혼을 잇는 고리
    우리는 반지 속에서 묶인다
    반지는 영혼이 몸을 만나는 장소
    우리는 반지 속에서 다리를 건넌다

그녀 집 앞 골목에서 기다리던
가끔 백내장 앓고 있는 가로등처럼
깜박거리지 않기 위해 깜박거리는 눈
하얗게 사라지기 전에 조금 늦는 사람
검게 암전하기 전에 조금 빠른 사람

언젠지 모르게 불이 나간
그 전구 갈아 끼우지도 못하고
뻑뻑한 청춘, 조금 늦는 사람은 조금 빠른 사람

전구를 돌려 끼우던
그가 어디 간 줄 모르고
환한 상갓집에
우리는 늦게 와 앉아 있다

연서 카페

응암역 2번 출구로 나가 골목을 돌아가면
연서 카페가 나오는데
내가 가끔 들러 커피를 마시는 곳은,
연인이 들어오는 골목이 보이고
 혼자 의자에서 알전구가 빛나는 밤이 찾아올 때까지

오래오래 헤어진 사람을 생각하기 좋은 곳,
애인처럼 숨겨 논 카페
2층 낡은 집을 허물지 않고 카페가 생긴 내력은
주인 여자에게 궁금해 않고
이젠 사랑도 궁금해하지 말기
가을에서 겨울로 가는 계절에서
연서가 수북이 쌓이는 골목이 보이는 연서 카페

연신내 역촌 서오릉 가는 길
은평구 응암역을 나오면 길들은 죄다 연서로,
연서 카페 이름이 생긴 까닭을 짐작하고
이젠 아무것도 궁리하지 말기
저절로 연시가 써지듯이 연서로를 걸으면

연서 카페 골목마다 연서가 날리고
텅 빈 연서로에 혼자 남아
우두커니 골목만 바라보다 6호선 전철을 타러 가기
십일월 찬 바람 속에 연서로
나는 그녀에게 시밖에 바칠 게 없다

연서시장

연서시장에서 우리는 헤어졌다
토막 난 생선처럼 또 헤어졌다

머리와 꼬리 또 꼬리와 머리

생선가게 총각이
삼치 머리와 꼬리를 생선칼로

생선 토막을 낼 때
지구만한 둥근 도마 위에서
우리도 우주적으로 만나고 헤어지는데

머리를 뒤로 묶은 꽁지머리
생선가게 주인은
머리와 꼬리를 어창통에 버리며

탁, 탁
토막글을 쓰는 시인이라는
생각이 드는 것인데

내가 쓰고자 하는 시설(詩說)도
한 마리 생선이라면

우주 시설을 토막 쳐라
토막, 토막 쳐라

연시

은하태양은 내가 죽어서야
완성되는 시집
장시(葬詩) 한 편을 쓰다가 나는 죽었노라
모두 시 이야기일 뿐 내 이야기가 아니다
그래서 내 시는 모두 시설인지 모른다
왜 우주 시마가 찾아 왔는지 모르지만
우주 은하 중심마다 있다는 거대한 은하태양
검고 푸른 빛 도는 얼굴
훔쳐보다가 엉겁결에 시를 쓰기 시작했다
은하태양의 입을 빌려
내가 내게 말을 하곤 했지
가엾은 시인아, 겁먹지 말아라
시가 너를 어디로 데려가리라
은하태양을 흠모하다 나는 죽었지만
시가 나를 어디로 데려가리라
은하태양은 아름답지만 아름답지만은 않고
한 곳에 있지만 먼 곳으로 움직인다

은하태양

그녀 유골을 달항아리에 담아 먼— 서천까지 가서
서천꽃밭에 뿌린 어린 딸 은파 때문이었다
지상의 산상꽃밭이 천상꽃밭과 만나는 순간

은하태양과 우리 태양이 가장 가까이 만나는 순간
이억 년에 한 번 오는데
천상별밭 속에 천상꽃밭이 있기에 찾기가 힘들구나

이억 년에 한 바퀴씩 은하태양을 도는
우리 태양의 일을 아무도 기억하지 못한 것은
서천꽃밭을 잊어버린 사람들

달항아리 묻은 무덤 주위를
산상꽃밭으로 꾸미고 서천꽃밭이라 믿은 어린 은파는
그녀를 위해 날마다 물을 주었노라,

우주 시마

신의 게임은 완성되지 않을 것이다,

악마를 죽이면 인간이 죽는다

악마는 인간을 죽여야 신을 죽일 수 있다

인간은 별을 보며 죽어간다

인간은 죽어서도 눈을 준다

눈을 이식한 시

눈에 감긴 붕대를 풀어요

어머니 **황금의 비** 번쩍이며

한꺼번에 별이 쏟아져요

대폭발 — 대붕괴가 와도

우주게임은 완성되지 않을 것이다,

소녀 시마

1

 나날이 시의 주름이 늘어만 간다, 겁도 없이 번쩍이는 화면에서 무덤의 음악을 들으려 했구나. 바람도 없는 그곳이 바람을 일으키는 황금의 풍로임을 진작 알았어야지. 누가 그곳에 숨결을 불어 넣는가. 무덤 속을 밝히려, 나는 어정쩡하게 서서 살아가는가. 숨 붙은 무덤이여, 빗돌 속으로 그가 떠난 뒤 시인들은 각자의 길로 떠났다.

 봄눈이 희끗희끗하다, 황금의 성도 무덤도 다 과거이네. 순전히 시가 생긴 게 계절 덕분인가. 어둠 때문인가, 별은 무슨 힘으로 빛나는가. 오 머리에 불을 켜고, 꽃상여 같은 빌딩들— 철거! 불구덩이에서 여섯이 죽었다. 나는 경계에서 그곳을 본다. 누가 지옥의 벽화를 그렸구나. 그림을 그리는 건 인간! 다른 그림은 없나? 그러고 보니 신이여, 우주도 한번 철거해 보시구려! 바람이 찢기듯 우주가 찢겨 지겠지. 아 시를 쓸 종이가 없어 안타깝군. 그러니 시인에게 답을 묻지 마시오, 문맹의 시에게!

　인간의 생은 입을 다물라, 죽음이 말하게 하라! 이곳에선 밤마다 무덤을 본다. 우연히 어제 낮에 보았다, 기념관 피 묻은 옷! 육십 년 검게 얼룩진 피 옷! 선연한 음악은 절규다, 그의 무덤 곁으로 간다. 꽃잎 짓뭉개 지고 공원묘지 소풍 왔다 가는 것이 생인가? 대답 없이 묘비가 서 있다. 나는 쓸쓸하여 참배도 잊었다. 내 빗돌은 거기 남겨둔 채, 민족의 비에게 물으니 인류는 대답 없는 비라!

　여태 비에 연연하느냐, 밤이면 머리에 불을 켠다! 지금의 빌딩, 도시는 무섭게 변한다. 오 죽지 않았다, 살아 있는 빌딩들! 빗돌은 살아 있다. 죽어서 육신이 무너질 때까지 조금씩 기우는 각도를 모르면서—내가 사는 맞은편 아파트에서 혼불이 빠져나오는 걸 본 적 있다—건축가는 건물을 올린다. 자로 잴 죽음은 없다, 생의 높이는 어디인가. 나는 도시의 한복판 가로지르는 하천을 걸은 적 있다. 옛 판잣집 수상가옥 물 아래 다리를 내린 **사진**이 있다. 천변동네 불에 타 잿더미가 됐다. 우리가 위험하면 죽은 자들도 위험하다, 누가 누굴 찍어? 죽은 자가 산 자를 찍는다, 지금 이곳은, 불타는 지옥도! 철거 중인 건물의 지옥도!

지구가 불타면 빵처럼 부풀어 오를까, 수소재(H)가 될까, 깊은 눈이 될까. 시, 종교, 과학 이젠 오만함 허물 수 있나. 계속 물어야 한다, 죽은 시인을 위해! 책 귀퉁이 닳고 닳도록 읽는다, 누가 쓴 종이냐? 도시의 종이달 닳고 닳아 금부스러기 조금씩 보탠다, 닳고 닳은 귀퉁이 환하게 살이 오르지만 내 곁에 있는 죽음의 시집 여전히 창백하네.

어느 성직자의 죽음이 시가 되었네, 그 눈 내 시에 이식한들 눈구덩이 같은 어둠만 남을 것이네. 너희는 너무 쉬이 눈을 갖지 마라, 내 시가 외치네. 종교와 과학 사이에서 너무 많은 세월 허비했어, 빗돌 속에서 그 시인이 말하네. 허비는 없어, 이 바보야! 내 시가 말하네. 약간의 공포는 약이 된다네, 독초도 백 번 씹으면 약인가. 그건 약간의 독이야! 내 시가 또 말하네. 시는 눈으로 듣는 음악이야, 먼지의 눈에서나 시가 보인다 했잖니? 비가 말하네. 시가 보이느냐, 아아 시가 또 괴롭히는구나. 내가 네 눈빛 담는다, 광기를 옮기느냐? 광기의 비여!(내 맹목의 시는 눈을 이식하지 못했다) 아 그 시인이 나인가, 전염의 광기!

나는 시가 무서워 외출하고 싶다, 하지만 그가 허락하지 않는다. 오 거리에서 시를 쓰는 시인은 행복하다. 거리에서 죽더라도 오 거리의 설움을 알더라도, 바지 주머니에 두 손을 찌르고 거리에 서 있는 시! 나는 영혼결혼식엔 가지 않을 것이다.(우리에게 신혼은 있느냐) 차라리 방에다 빈 무덤을 만들라, **황금의 성도 무덤도 다 과거이네.** 햇살이 한 곳에만 비춘다면 타 죽겠지. 누군들 모르랴, 제 무덤 하나씩 갖고 거리로 나서는 것을! 방안에 남은 무덤을 쓰다듬어 주라, 고독사한 무덤은 구더기 꽃이다.

나는 날마다 무덤의 음악을 듣는다, 그 시인은 비 속에서 날마다 생의 음악이 들린다 했다. 먼지의 길, 그 방의 가장 아름다운 오솔길 잎비가 내린다. 그 거리는 제 방만큼 넓다. 다시 기운을 차리지 않아도 된다. 모든 시는 처음이려 하지만, 첫 구절은 무덤 속에 있다. 시론은 없다, 시가 나를 무덤에 데려다 주리라! 시가 나를 무덤에서 데려다 주리라! 나는 한없이 빗돌 속을 걷는다. 도시는 **도시의 신**이 돼 버렸구나, 건물 머리에 황금의 눈 번쩍인다! 나는 한 번도 도시를 벗어나지 못했다. 묘비 속에 길을 잃어도 비이다, 어렵게 나는 외출을 시도했네.

2

갑자기 시가 제 표본실을 만들라 했다. 벌써 건물 알아놓고 월세까지 들었다. 방이 몇 개 있는지 모른다. 거기에 들어갈 표본 모르기에 아직 세어보지 않았다. 마침내 죽은 시인을 위해 표본 만들기로 한 것이다. 그와 자주 걸었던 곳에서 주운 표본도 몇 점 가져다 놓았다. 그의 낡은 구두가 흘러온 길이 사라진 곳이었다.

 시의 표본은 무엇인가, 어떤 시를 표본으로 삼든 이미 죽었다는 사실만이 가장 확실한 표본이다. 시는 죽은 시인의 생전이라 믿지만, 비로소 죽은 후에야 써진다. 시의 표본에 대해 장례를 치르지 않아도 된다. 시는 살면서 장례를 치러 버렸다.

 시는 외출만 하면 된다, 시의 외출은 건물에서 건물로 옮겨 다니는 것! 도시의 신에게서 건물을 임대해 거기에 시의 요람과 무덤을 만드는 것! 시의 신이 되려고 꿈꾸지 마라, 도시의 신이 용납지 않을 것이다. 건물 올리고 허무는 것은 도시의 신 몫이다! 건물은 말이 없으므로 역시 대답 없다, 우리는 죽어가면서 "건물을 부탁해" 하지 않아도 된다.

 철거당하고 있는 시를 위해 낡은 건물에 세든 것이다. 철거당할 시는 철거당할 건물에서 표본 만드는 게 제격! 허름한 공간 개조하느라 뿌옇게 먼지를 뒤집어 쓴 시! 도시 전체가 철거를 하느라 먼지가 날린다. 도시의 신도 바쁘시겠다, 사람들에게 먼지 옷을 지어 입히느라 풀풀 먼지 날린다. 우리는 날마다 먼지 털어야 한다, 먼지 인간이기에 먼지 표본도 조사 중이다. 철거 중인 건물 콘크리트에 완강히 박힌 철근들의 표본도 채집 중이다. 그 표본 이름을 〈마수〉라 부르며 철근 구부린다.

건물에 혼자 있다 보면 사람에 대한 면역력 떨어져요, 사람들 만나고 오면 사람멀미에 시달려요, 시가 해쓱한 얼굴로 말한다. 〈시멀미〉란 이름으로 표본을 만들까. 핏기없는 시! 너는 무어냐, 물어도 딴청 피운다. 걱정 마, 우린 죽지 않아 표본으로 살 거야. 죽어서 표본 될 거야. 아니 살아서 표본 될 거야.

시의 표본은 눈이었다, 죽은 자 〈눈〉을 시의 표본으로 삼으라 했다. 그의 눈빛 이식하는가, 내 시가 외면한 모든 것! 나는 기형적인 표본 만들 수 없다 했다. 그러자 시가 내 입을 빌린다. "이놈아, 기형적인 시는 없어!" "네 생에 영화가 있었니? 영화 없는 생은 기형도 없어!" 시의 기형은 이리 힘들다, 여자의 발을 만든 전족처럼, 하이힐처럼! 시의 아름다운 발은 기형이다! 나는 시에게 반항한다. 내게 기형을 가르치지 마라!

　이 도시 건물들은 광기의 눈, 건물 머리에 장식을 달았군. 너무 잘 맞는 구두, 너무 잘 맞는 시로부터 자유롭고 싶다. 가장 아픈 기억 표본으로 삼는 표본에서 벗어난 표본 만들 것이다. 아 시가 나를 쓰는구나, 그러니 시여 광시곡을 잊어라. 기묘한 시는 잊어라! 견고한 철거는 잊어라! 광기 어린 눈빛은 잊어라! 도시 건물은 잊어라! 도시의 신이 표본을 제시하는군.

3

　그 과학자의 죽음은 놀라울 게 못 된다! 원소와 원소 사이 공간이 찢겨지고, 구멍이 뻥뻥 뚫릴 때가 있지. 그게 내 상처의 표본이야, 과학자는 말한다. 그때 상처를 감싸 안는 막이 형성되지, 찢겨진 공간에 막이 형성되는 거야. 오늘도 무사히! 우주에 구멍이 뚫려도 무사한 게 그 때문이지, 마지막 블랙홀이 사라질 때 증발한 공간은 어디로 갔는가, 묻지 않아도 돼! 우주는 종종 찢겨진 공간이 생기니까, 낭비되는 건 없어! 마지막 날에야 죽음의 정보를 토해낼 거야,

별들의 관계만큼 인간의 관계도 구멍이 뻥뻥 뚫리는 게 당연한 거야.

"시가 내 상처를 찢고, 깁는다!"

바늘 한 땀 한 땀 깁는다, 우주를! 우주는 **복사시대 물질시대 진공시대**를 지나고 있어. 요즘 우주의 사지가 급격히 커져 버렸어! 공간이 에너지란 걸 알까, 알았지만 과학신은 무섭게 변하고 있어. 시간과 공간은 뒤엉켜 있어! 우주는 범벅이야, 시간 공간 물질의 범벅! 그래서 찢겨 지는 거지. 모든 중력은 여자 같은 거야, 시공을 쭈글쭈글하게 해서 다림질도 하고 바느질도 해! 우리는 주인공이 아냐, 그들과 범벅일 뿐! 우주는 주인공 중심이 아냐, 사건 중심이지! 우주 서사시는 사건의 다발이 그냥 지나가는 거야,

더 이상 **원소주기율표**는 표본이 못 돼. 보이지 않는 암흑물질 우주에 많지만 여전히 알 수 없지, 그래 표본은 인간의 표본실에나 처박아 두라구. 빛의 옷을 벗어버린 순간, 우리는 모르는 암흑물질이 된다. 오 의뭉스런 암흑물질! 인간이 암흑물질인가, 우리는 무엇이나 될 수 있다. 우주게임은 빛이 우주 공간으로 달아나며 시작되었다, 빛의 독립처럼!

뭐든지 블랙홀이 될 수 있다, 태양 지구 원자 공

기…… 그러나 무엇이 블랙홀이 된지 알 수 없다, 그것은 머리카락 없는 대머리라고 과학자는 말했다. 아기블랙홀 거대블랙홀 죽은블랙홀 그들이 있어 찢겨진 우주를 깁고 꿰매고 붙여준다, 원자 사이에 말려 들어간 공간이 다치면 어루만져주는 손, 가장 거칠고 부드러운 손―그 말려 들어감이 우주 결정하기에―언제나 분주하다. 블랙홀은 우주론 한가운데 있다, 먼 빛처럼 사라지려다 과학자는 말했다.

"오 공간은 별들의 집이구나." 공간이 거미줄 망처럼 얽혀있다고 그가 공간의 비에서 말했다.

"언제 비에 들어갔나?"

"공간은 텅 빈 게 아니야, 살아 있는 영역이지! 공간과 공간 사이를 우리는 공간으로 알고 있지. 공간이 구멍 뚫려서 깁고 있는 중이야."

"공간은 바쁘군?"

"나는 증발해야 갈 수 있어, 다른 공간 찢겨 지면 그리 갈 거야. 공간 넓어질수록 상처가 생겨."

"내 벗 과학자여, 설마?"

"공간은 상처야!"

"헛소리?"

"과학은 시고, 철학이고, 종교지?"

"과학신이여, 공간은 또 다른 물질?"

　시간이 공간이던 시절부터 공간은 찢겨 지기 시작했다, 그 과학자는 찢겨진 공간 속에 들어가 버렸네. 그때부터 시가 나를 괴롭히는구나, 시여! 상처를 덧나게 하지 마라, 너를 기워줄 황금의 바늘 찾을 때까지. 나는 약국에서 두통약을 샀다. 시를 물약처럼 마시지 말고, 알약처럼 씹어 드시오. 시를 스테이크처럼 썰어서 들지 말고, 국밥처럼 말아 드시오. 나는 시의 찢겨 진 공간을 깁고 있는 시인! 헛소리, 헛소리, 헛소리, 헛소리처럼 좋은 시는 없군.

4

나는 여자의 표본 만들어 여자로부터 자유롭고 싶다, 나는 시의 표본 만들어 시로부터 자유롭고 싶다. 또 헛소리, 무슨 얼어 죽을 표본? 하지만 다행히 여자의 표본은 없다, 시의 표본은 없다, 미의 표본은 없다. 더더욱 눈물이나 울음의 표본은 없다. 있다면 표본이 될 수 없는 표본이 있다, 아무리 긴 울음도 그칠 것이기에! 지구는 울음의 바다를 수평선으로 그어버린다, 하얀 파도의 육신 둥둥 떠 있는 걸 한번 보려고! 거품 물고 말하고, 거품 물고 죽어가는 인생 붐비는 바닷가보다 한적한 바다가 위험한 이유다.
  그래서 인간은 표본이 없지만, 그녀는 내 표본이 되었다. 설사 내 애인을 표본 만든다고 누가 표본을 삼으랴, 저마다 표본을 갖고 싶은 것을! 여전히 의문은 죽음의 표본은 생의 표본이고, 생의 표본은 죽음의 표본이라는 것이다. 인간의 표본에는 살의가 있다, 일방적인 표본은 없기에 나는 그녀를 그녀는 나를 죽이는지 모른다. 스스로 표본이 된 자는 얼마나 행복한가, 사랑의 감옥에 이르기 전에 표본이 되어버린.

  그녀가 해쓱해진 얼굴로 말한다,

"내 몸속 피가 흐르는 게 보여요. 핏덩이였을 때 내가 보여요. 피 흐르는 소리가 내 근본이지요. 내 몸을 웅크리고, 껴안으면 피가 흐르는 소리 들려요. 피 흐르는 소리가 나를 깨워요. 피— 흐르는 소리에 성장해온 내가 있지요."

 평소보다 말 많은 그녀가 안쓰럽다. 여자는 달, 지구 바다 파도를 일으킨다. 여자는 **중력** 누굴 붙들고, 떠나게 한다. 정읍사 행상의 아내처럼 달로 떠서(달하 노피곰 도다샤) 진 데를 디딜까 두렵다! 가장 환할 때 태기가 비친다, 핏줄이 생긴다. 예민한 그녀 맑은 피가 흐른다.

"아아 지구의 피 내게 흘러요!"

"아아 우주의 피 내게 흘러요!"

"피울음."

 그녀는 핏줄이 비추는 태아를 안고 산을 오르는 저녁의 환한 달이었다,

그녀는 표본이 되려는지 신비에 사로잡혀 살았다,

그녀는 내가 달의 표본을 만들려 하면 "개뿔, 표본은 집어 쳐!" 했다.

그녀가 아기를 낳는 것을 아무도 보지 못했다,

그녀는 태반주사를 맞고서 배가 볼록 나왔다. 항우울제 먹고 요가를 했다. 뱃살을 뺐는데, 그 흔적이 달의 분화구 같다.

"피 흐르는 소리 들려요!"

그녀는 피의 표본을 보았는가,

누가 보이는 울음을 만들었는가.

인간의 공명통이 운다!

5

그녀는 묘지기를 한 적이 있다, 공동묘지는 잘 짜인

하나의 사회였다. 그곳에선 생의 광기와 죽음의 뼈가 무덤의 음악을 만들어 낸다. 귀곡성이라 착각하지 마라, 가장 아름다운 합창은 빗돌을 어루만지는 바람소리에 실려 온다. 우리 젊은 날의 초상에 무덤 한 채씩 갖고 살았다. 그 시인은 무덤은 최후의 악기라 했지만 첫 음인지 모른다. 모든 음악은 제 무덤이 내는 악기소리인지 모른다.

  그녀는 모든 음악을 묘지에서 들었다 했다, 공동묘지 대연주회를 날마다 열지 않는다 했다. 새로운 무덤이 늘어 바람이 불 때라야 연다고 했다. 백야의 나날 견딜 수 없는 죽음의 압박이 밀려올 때라야 연다고 했다. 나날이 핏기없는, 죽음들이 그녀의 악기를 켜는지 모른다.

  그러면 묘지기는 벌떡 일어나 묘지 사이를 걷고 있는 자신을 본다, 그녀 섬세한 귀는 죽은 지 며칠 안 된 묘지 주인의 울음도 웃음도 아닌 음을 듣게 된다. 그녀는 무덤에 태어난 첫 음이 묘혈의 어디쯤일까 가늠하다가 제 몸 속임을 알게 되기까지 묘지기를 해야 한다.

  "묘지를 벗어날 수 없나? 죽음의 음악 들린다!"

"묘지기여?"

묘비에서 튀어나온 그 과학자가 묘지기 귀를 흔든다. 난 죽음을 모르겠다, 여전히 죽어봐도 모르겠다. 아무리 연구를 해도—살아 있을 때보다 더 열심히!—죽음이란 놈은 옷을 입지 않아. 모든 뼈무덤을 되살린다 해도 모를걸! 인간의 뼈들은 살들을 마음껏 조롱하고, 살들은 뼈들에게 악착같이 달라붙지! 뼈들의 구멍을 내어 음악 만들지만 무덤을 울리진 못해. 자기를 지키는 묘지기는 없어, 죽음에게나 가자구.

과학자는 묘지기를 자신의 묘비 속으로 데려간다. 죽음의 책문을 지나서 과학 서재를 보여주고, 무덤의 실험실로 끌고 다닌다. 밝은 방의 기름이 다 태워져 새벽이 올 때까지! 과학도 죽음에서 비롯되었구나, 묘지기가 죽음을 탄식할 때까지! 죽음을 모른 자는 죽으리라, 묘비 속의 묘비명을 읽을 때까지! 무덤만큼 고독한 과학은 없구나, 먼지를 한 움큼 쥐며 경악할 때까지! 묘지기는 악령을 벗어나려 발버둥 치지만 과학자는 놓아주질 않네.

그녀를 끈들의 방으로 데려가네, 시간과 공간이 엉킨 끈들의 방으로! 살아 있는 시간, 살아 있는 공간이 회반죽처럼 시험관에 담겨있네. 딱딱하게 굳어가는 그들에게 과학자가 물을 뿌리니, 꿈틀거리는 육신! 우린 모두 끈인 것을. 저들과 우린 함께 태어났지, 우리가 저들을 태어나게도 하고. 우린 모두 엉켜 붙은 끈이야.

 과학자가 다른 방으로 그녀를 안내하네. 이번엔 얼룩의 방으로! 끈들이 놀라서 만든 얼룩 가득하네. 각자 자신에게 주어진 얼룩을 닦고 있는 저 자들은 누구, 얼룩이 진 그가 외치네. "이 미련한 놈들, 얼룩은 지워지지 않아!" 얼룩은 지워지지 않는다, 그녀는 따라 하려다 그만두네.

 마지막 방으로 그녀를 데려가네. 또 이번엔 **얼룩의 끈방,** 얼룩들끼리 만나 끈이 된 얼룩의 끈 방이네. 그런데 얼룩 끈들은 서로를 닦아주네, 그녀는 얼룩이 달라붙는 것 같아 치를 떠네. 그가 묘하게 "흐흐!" 웃네.

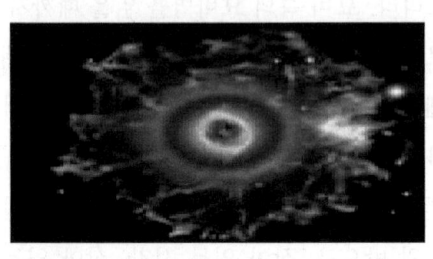

"묘지기여, 죽음의 끈을 퉁겨라!"

 우주는 끈의 음악이네, 신도 악마도 인간도 끈에 불과해! 끈이 내는 음악이야, 모든 끈들 제 음악이 있구나, 공간의 음악이야, 죽음의 춤을 추는 공간! 모든 중력은 음악이네, 아기를 다독거리는 엄마의 손처럼. 작은 물살 배를 뒤집네, 모든 끈 물살로 퍼져서 우주 묘비 울릴 때까지.

 "터엉! 묘비는 공명통이 된다?"

 "죽은 뼈다귀 과학신! 또 우주 끈 표본 만들려 하는군."

 그녀는 과학자에게 끈 표본 만들려 한다고 욕을 해대기 시작했다. 근원을 알고 싶어 표본 만들지만, 표본은 근원에 도달할 수 없다! 그보다 우린 매개자가 필요한 거야, 접신은 어떤가? 끈다운 끈이지. 죽어도 희망을 버리지 못했군. 과학은 표본 만들려 하지. 고통의 얼룩 주물러라, 너무 굳어 아픈 줄 모른다!

 "묘지기여, 묘의 표본은 표본 아닌가?"

"아아 묘비에 갇혀 살았구나, 묘비에서 떠날 때가 되었군."

6

그 과학자는 우주의 얼룩을 찾는 데 평생 바쳤다, 극지방에서 죽을 고비도 여러 번 넘겼고 그때마다 얼룩이 무서웠다. 다른 과학자들이 극지방의 순백을 볼 때 얼룩을 본다는 것은 괴로운 일이었다. 과학자는 점점 얼룩에 미쳐갔다, 눈빛은 별빛이 보이지 않고 얼룩만 어른댔다. 사람의 얼굴도 얼룩으로 보였다. 자신의 얼굴 얼룩을 떼어서 관찰하고 싶었지만 우주의 얼룩을 찾는 것보다 어려운 일이었다.

그는 우주에 암흑물질과 다른 얼룩이 있다 했다. 한 육신이던 시공이 찢겨지며 얼룩 생겼다 했다. 사람의 상처 바늘이 깁고, 우주의 흉터 바늘이 깁고, 기울 수 없는 게 얼룩이라 했다. 그래서 얼룩이 남는다 했다. 사람의 얼굴 얼룩 시간이 만든 것처럼, 시의 얼룩 생긴 것처럼. 아무리 주름을 펴도 얼룩은 남는다. 한 번 찢겨진 시간은 얼룩이 남는다. 시간의 얼룩들이 우주에 떠 있다 했다. 우주를 영원하다고 믿는 자는 얼룩을 보지 못한다 했다.

  모든 얼룩이 **우주적 서사**와 관련 있다는 학설을 발표하자마자 그는 미쳐 버렸다. 그가 정신병원에 감금되었을 때, 자신의 얼굴 얼룩을 떼었다 붙였다 할 수 있게 되었다. 환자복에 새겨진 "내일에 희망을, 마음에 평화를!"이란 얼룩을 무척 좋아했다. 그건 집단적 얼룩이라 했다. 내가 그를 면회 갔을 때 우울증을 앓고 있었다. 그는 머리를 감지 않아 비듬이 햇살처럼 정원에 떨어졌다. 그는 줄담배를 피우고 국립 나주정신병원 2층으로 올라갔다.

  그는 버스에 치어 죽었다. 그의 어머니 전화를 받고 나는 얼룩이 져서 화장장에 갔다. 그의 재는 극락강에 뿌려졌다. 그는 내 대학 친구였고, 우주의 얼룩을 연구한 유일한 과학자였다. 얼룩 한 점을 훔쳐다 도시 근교 공원묘지에 뿌려줬다. 산벚꽃 얼룩이 아름다운 내 조상이 있는 묘지였다. '정행균지묘'라는 그의 비석을 세우다가 처녀 묘지기를 만난 것도 그때였다. 묘지기에게 죽은 과학자를 소개한 건 잘못인지 모른다. 죽은 그 과학자를 비에서 불러내는 시인이 된 건 잘못인지 모른다. 나도 서서히 미쳐가는 것이다, 그 과학자를 쉬게 하라! 시가 나를 들볶는다! 광기어린 내 시가 내 얼룩인지 모른다.

시가 내 얼룩이야, 비에서 불러낸 죽음의 시는 죽음의 얼룩이야. 사랑의 시는 사랑의 얼룩이야. 자연의 시는 자연의 얼룩이야. 번쩍이는 은하는 별의 얼룩이야. 고통은 기쁨의 얼룩이야. 아름다운 그녀의 얼룩은 무엇인가, 묘지기를 그만두고 개와 사는 그녀, 날마다 도시의 공원묘지를 개와 산책하네. 나는 개를 질투하네, 개를 질투하다니! 나도 묘지기가 될까, **나는 도시의 묘지기!** 그녀의 얼룩이 긴 그림자처럼 따라가네.

*

잠자리에 찾아와 곁에 누운
묘지기 같은 시, 내 묘지를 지키는가

묘지기는 불면의 밤에 찾아와
내가 시를 쓰게 하지 마라

오 광신— 시의 이상한 얼굴,
시는 쓰면 쓸수록 시에 갇히게 된다

시는 쓰면 쓸수록 갇히게 된다
시집은 읽을수록 시집에 갇히게 된다

오 귀여운 내 연인
시여, 너를 계속 쓸 것인가

네 표본은 없다
네가 내 표본을 만드느냐

지치지 말아라, 인생아
시는 쓰면 쓸수록 갇히게 된다

시의 애무는 격정적이구나
시는 쓰면 쓸수록 갇히게 된다

7

  묘지기의 노래는 부를 수 없구나, 우리 모두 묘지기인 것을 별의 묘지는 없을라구? 환한 무덤에 이르기까지, 사람들은 무덤을 파놓고 다 잊어버리지. 자신이 무덤에 이르기 전까지! 아름다운 외도는 별에 이르는 길, 무덤마다 주인이 다르다. 성직자의 별, 은행원의 별, 창녀의 별, 가장의 굽은 어깨 같은 별, 어린 딸의 별, 과학자의 별, 시인의 별―우주의 묘지도 있을 터—죽음의 묘지보다 화려한 시는 없구나, 뉘 시집이건 몇 페이지만 읽어도 죽음의 냄새 맡는다. 별의 다비식에 초대하고 싶군. 별답게 생을 마감하는군. 스스로 자화장하며 제 죽음을 들여다보며!

묘지기는 무덤의 내용물 모른다—혹 살인자의 무덤?—관심 갖는 건 좋지 않아! 무덤의 내용물 모두 쏟으면 무덤이 아니다. 무덤마다 얼룩이 다르다, 생의 얼룩이 무덤인가. 무덤 파는 인부도 사라지고, 포크레인 기사가 무덤을 판다. 공동묘지에 똑같은 조화가 핀다. 그녀가 묘지기를 그만두고, 대신 내가 한적한 무덤들을 찾아 왔다. 그러나 곧 묘지기를 그만둘 것이다. 시인은 도시를 떠날 수 없다, 도시는 공동묘지가 되어간다! 묘지기가 무덤 파는 포크레인 기사에게 다가갔다. "기사 양반 무덤 잘 파주시오? 내 탯줄의 마지막 시를……" "무덤은 계속 파질 거요, 마지막이라니!" 그 서늘한 포크레인 철커덩, 철커덩 무덤을 판다.

묘지기는 무덤을 떠나왔다. 회한도 없이 옛날의 무덤은 그대로다. 무덤 자리가 바뀌고, 별자리가 바뀌고, 무덤을 무릎처럼 끌어안고 견딘 자들! 모두 무덤이 되었노라, 무덤의 세포는 살아있어. 살아있는 육신 무너뜨린다, 무릎 주고 무덤을 얻는다! 새로 온 묘지기가 무덤 파는 포크레인 기사에게 또 가서 물을 것이다. "주인은 뉘요?" "묘지기여, 누군지 모르고 파는 거요!" 포크레인 철커덩, 철커덩 무덤을 판다.

 그리고 새 무덤 위에 밤이 왔다, 흩어진 꽃처럼 울음은 들리지 않는다. 무덤의 밤엔 조문객이 없네, 무덤을 떠나니 무덤의 음악 들린다. 새로 온 묘지기에게 "무덤은 얼룩이잖소?"하고 얼룩을 주면 "얼룩의 시는 그만 집어치워! 우린 월급 받는 묘지기잖소?" 하고 말할지 모른다. "난 영롱한 무덤은 못 봤소!" 얼룩이 탄식하면 "별의 묘지기가 있소?" 하며 돌아누울지 모른다. 묘지기가 잠든 시간, 묘지에서 별이 깨어난다. 무덤과 무덤 사이에서! 그 어스름 거리가 환하도록 묘비명—시의 묘비명?—이라도 남기려하면 "헛되고, 헛되다!" 모든 묘지기가 나무랄지 모른다. 묘비에 갇힌 시는 없다고!

 별의 거리를 재지 마라
 멀리서 가까이서

 별에는 거리가 없다,
 질러서 가든
 돌아서 가든

다다를 수 없는 별이 시다.

8

 게임은 악마의 표본을 만들려 한다; **책거울**은 보셨소? 책거울이라니, 무슨 뚱딴지같은 소리? 게임의 책에는 갑옷 입은 사람의 얼굴 모양 거울이 있소. 그걸 보고 놀라지 않는 사람 있겠소? 자신의 얼굴 비치는 순간, 전사가 되거나 악마가 되어야 하오. 선택의 여지는 없소. 거울 위에 구절처럼, 게임신은 탄생한 것이오. **믿음의 눈으로 보라, 네가 스스로 아크로드가 되리니!**

 게임은 악마의 표본을 만든다; 인간의 얼굴에서 표본을 취했다. 너무 많은 인면은 어렵지 않다. 얼굴 가죽을 벗기듯 쉬운 일이다, 사람 가죽의 책도 있지 않는가. 인생의 첫 페이지 넘기면 죽음의 비린내가 난다. 산 자는 죽은 자의 세상을 가지게 되리라. **The Day is Coming**

 게임은 악마의 표본을 버린다; 악마는 성기사에게 아버지를 살해하게 한다. 왕이 된 아들은 악마마저 배신한다. 그걸 보고 웃는 악마가 있다. 왕과 악마의 전쟁을 계산한 악마! 자신의 세상에 대한 봉인이 풀리는 것이다, 우리는 게임의 종족이었네. 돌판 한 조각 촘촘히 박힌 묘비, 모든 세상의 전쟁 무덤 위에서 그네를 타는 아이들! 공동묘지의 그네, 게임 왕국은 공동묘지에 있네.

게임은 악마의 표본을 취한다; 오래된 묘비에서 비늘이 떨어진다, 흰 이끼는 비의 각질이다. 검은 이끼는 지워진 비의 새로 쓰는 글씨다. 옛날의 문선공 돌아와 납 활자 심는다. 먹물이 휘날리며 비백 비친다. 인간은 비에 가깝다. 인생은 비에서 나갔다 비로 흘러든다. 비는 비로 흘러든다.

게임은 게임을 신으로 삼는다; 묘비에서 울음이 들리는 게 아니라 비 밖에서 울음을 져 나르는 흰 눈동자(雪瞳子)가 있다. 악마에게 동공을 빼앗겨 그 흰 동굴은 세상에서 가장 깊다. 찬바람 불면 흰 눈 내리고 눈보라 속에서 돌아오는 악마가 보인다. 깃털의 가장 부드러운 눈송이가 눈을 찌르는 무기이다, 눈은 무기의 창이다.

9

묘지기는 원래 귀머거리였다, 그녀는 네 살 때부터 귀가 먹기 시작했다. 그녀 엄마는 세상의 모든 음을 들으라 했다. 소녀는 점점 귀를 먹어 갔다, 바람 소리 강물 소리와 함께! 먼먼 나무 우듬지 끝에서 쏟아지는 숲의 노래와 함께! 사람들의 입 모양을 보며 아아 어어 말을 더듬거렸다. 모든 더듬거림 소녀를 애무하며 손끝으로 갔다. 손의 표정이 악보이다, 손가락 마디마디 진동이 음악이다. 세상의 모든 더듬거림이 음악이라 여겼다. 피아노를 칠 때마다 음이 손가락에 만져졌다. 어루만지고, 어루만져서 음이 된다! 소녀의 희고 아름다운 손이 음들에게 피를 주면 음악은 실핏줄 보여준다.

  그녀가 시인을 자신의 집에 데려간다. 먼지 수북이 쌓인 피아노! 그녀, 어느새 소녀가 되어 있다. 금빛 먼지가 음들로 살아난다. 피아노를 치며 음의 표본을 만든다. **온 몸 귀 가 되 었 나?** 시인은 더듬거린다. 자연에게 배운 음을 모두에게 연주하고 싶어요! 나도 그랬어, 말을 더듬거리던 내가 시인이 되었어. 말이 느린 내가 시를 쓴 거야, 더듬더듬 더듬거리며 소년을 지나 청년이 된 거야. 더듬거림이 말을 걸어와, 말 못한 더듬거림을! 모든 더듬거림 시로 쓰기 시작했어, 말이 아닌 더듬거리는 시로! 그런데 우주 **끈**만큼 번쩍이는 장시가 있나, 다시 더듬거리는 말더듬이 되었지. 시인은 시를 더듬거린다, 우주

더듬거림이 시야!

소녀의 엄마는 소녀를 무덤가로 데려갔다. "무덤의 소리를 들어라, 딸아!" "엄마, 왜이래? 여기서 나가요!" 엄마는 공동묘질 보여주며 소녀에게 거닐게 했다. "같이 죽자꾸나!" "엄마, 나 피아노 칠게!" 소녀는 무덤을 건반처럼 두드렸다. 무덤을 더듬거렸다. 더듬거리며 음을 만졌다, 장님처럼! 무덤을 어루만지는 손가락에 풀독이 들었다.

소녀의 엄마는 광인이 되어갔다. 아프고, 아프다 죽었다. 모든 울음 웃음은 음이 되었다. 딸에게 모든 음을 주고 갔다, 자신의 인생까지도! 소녀는 묘지기가 되었다! 그때부터 자신의 몸속에 흐르는 피의 소리를 들었다, 피의 가락을! 그런데 자신의 피는 서늘히 식어가고, 무덤 속의 피는 뜨겁게 흐르네. 공동묘지 대연주회는 피를 깨운단 말인가, 죽음의 음의 합창이 울린다. 세상의 대합창은 죽음들의 합창! 죽어가는 생을 깨운다. 소녀는 몸을 둥글게 말고 듣는다, 환한 무덤처럼! 귀머거리 소녀여, 온몸이 귀가 되었다!

소녀가 묘지기 피아니스트가 된 건 순전히 엄마 때문이었다. 엄마가 죽자 피아노를 그만두고 묘지기가 되었다, 엄마에 대한 복수였다. 그때 피아노를 포기

한 건 죽음이었다고! 피아노의 환희는 죽음이었다고! 소녀는 절대 울지 않는다, 모든 울음이 음이라고 착각하지 마라. 울음도 솎아내야 할 울음이 있다, 울음의 얼룩 같은 것! 귀에 들리지 않는 모든 음악은 메아리였다. 세상의 모든 얼룩 연구하는 과학자를 밤마다 소녀는 찾아갔다. "얼룩은 무엇이오?" "글쎄, 아직 잘 모르겠네. 우주의 얼룩이 생긴다는 것 말고!" "우주의 얼룩이 생긴다?" 소녀는 혼자 중얼거린다. "얼룩의 표본은 없더군." 그 과학자는 광기에 차서 머리를 쥐어뜯는다, 비듬이 떨어진다! "움직이는 표본?" 그리고 그녀는 자신의 피의 얼룩을 보았다. 울음의 무늬 선연히 사라지는 것을! 아 과학자의 무덤은 허묘인가— 그 시인이 조상의 묘비에 화장재를 뿌려 만든 묘. "이곳 세상은 텅 빈 무덤이야!" "아아 텅 빈 음악이겠네!" 소녀는 과학자에게 작별을 고한다. "무덤의 광기여, 안녕!" "모든 얼룩은 머물지 않고 떠나는군."

  소녀 귀머거리의 음과 말더듬이 시인의 시는 과학자의 얼룩 같은 것이다. 모든 얼룩은 얼룩으로 만난다. 얼룩은 얼룩을 부르고, 또 흩어진다. 울기도 하고 웃기도 하며 빛나고 어둡기도 하며 서로에게 악수한다. 묘지기여! 무덤의 고독, 무덤의 행복, 무덤의 슬픔을 연주하라, 나는 시로 쓰지 못했네. 모든 것을 접신한 시는 없다, 우주의 대합창은 공동묘지 대연주회로!

 우리는 도시로 왔다, 밤마다 도심의 공원묘지를 산책한다. 머리에 불을 켜고, 꽃상여 같은 빌딩들! 황금의 성도 무덤도 다 과거이네, 봄눈 희끗희끗한 묘지에서 중얼거리며. 그녀와 그녀 얼룩의 개를 따라가며, 얼룩을 질투도 하며!

 "모든 세상의 얼룩이 지나가는군."

은하태양의 조문

음의 태양은 광녀의 이야기
우주광녀 이야기
은하 이야기는 광녀의 이야기

"마침내 스물두 해를 기다려 태양이 내게 조문을 왔어."
"22은하 년이군."

은하태양의 조문은 은하의 장례식!

제4의 인간형을 만들라, 우주적 이단아!

이건 내 이야기가 아니다
은하태양 이야기는 광인의 이야기
우주광인 이야기

모든 광인들이 모인 가운데
한 광인이 광녀의 시체를 범하려 한다
그러자 광인 중의 광인 시인이 시체를 바꾼다

은하태양

1

 내가 천상별밭에 도착해보니 한가운데에 은하태양이 있었다
 그곳에는 달도 떴는데 월궁의 항아, 은파 엄마가 웃고 있었다
 그녀는 흉측한 두꺼비 탈을 벗고 다시 미인이 되어 있었다

그녀 지상의 삶은 눈에 보이지 않았다
그녀는 월궁의 금빛 미소로 나를 맞아 주었다
"어서 오세요, 시인이여."

 그녀는 아직도 어리둥절 해하는 내게 조용한 손짓으로
 월궁으로 안내하여 빛이 고인 정자에 앉게 했다
 우리는 천상의 차담을 나누었다

 옛날 두려움 속에는 보이지 않던 얼굴이 보이기 시작했다

내가 공동묘지에서 죽었는지 살았는지 아직도 모르겠으나
　'산상꽃밭 천상별밭'이란 시를 쓴 건 분명한 것 같은데

　세상일은 아무도 알 수 없으니
　죽음보다 큰 고통이 있다는 걸 알 수 없으니
　시의 일은 아무도 알 수 없구나

　가엾은 시인을 결국, 시가 데리고 온 곳은 천상별밭이었다
　죽지 않고는 올 수 없는 곳이니
　시인을 죽여 시가 데리고 온 것이다

　결국, 시의 마지막 구절이 공동묘지에 이르렀고
　시의 첫 구절이 내 무덤에서 나와
　내 영혼을 천상별밭으로 이끈 것이다

　무슨 까닭인지 맑은 물에 씻은 듯이 몸이 가뿐했고
　영혼인지 육신인지도 모를 몸이
　통증이 빠져나간 자리에 빛이 가득 차오른 듯했다

　항아는 내게 무슨 말인가 하는 듯 했으나

말이 아니라 울림이 형상으로 나타나
달 모양 별 모양 나뭇잎 모양 형상이 눈 앞에 펼쳐지기도 했다

그런데 이상하게도 그 그림들이 내 머릿속에서
해독되어 귀에 들리기 시작했다
"들리느냐, 시인아! 천상 별밭의 음악이."

그것은 마치, 눈에 보이는 음악 같았는데
눈앞에서 푸른 빛을 띠는 은하태양이 소용돌이 치고
거대한 별의 꿈틀거림이 느껴졌지만

거대한 기계의 눈빛 같기도 하고
애잔한 검고 푸른 눈빛에서
뿜어져 나오는 처음 듣는 외계어 같은

귀에 거슬리지 않는 잔잔한 음악은
오히려 제 주위를 돌고 돌 수 있게
모든 별들을 설득할 수 있을 것 같았다

모든 사람을 설득할 수 있는 이야기는 침묵밖에 없고
모든 별을 제 주위에 돌게 할 수 있는 건 중력밖

에 없지만
 항아여, 은하태양이 지금 무슨 말을 하느냐

 나는 왜 여기 있느냐 아직도 지상의 그림자를 떨치지 못했고

 아무리 맑은 물에 씻어도 내 죄는 씻기지 않는데
 지상에서 처음 내가 은하태양을 발견했어도

 지상의 가족들과 아내를 잃고 나니 모든 게 무의미하다
 항아 너를 사랑한 죄가 이리 무섭고
 미를 사랑한 죄가 무섭고

 사람의 입이 가장 무서워! 모든 형벌은 입에서 시작되었으니
 시여, 너마저도 입을 다물고
 별이여, 너마저도 빛나지 말아다오!

 "가엾은 시인이여, 아직도 죽음의 고통에서 깨어나지 못했구나.
 보라! 네가 한 위대한 일들을
 너는 은하태양을 세상에 알리지 않았느냐?"

항아여, 나는 시의 누설죄로 죽었다오
은하태양의 누설죄로 죽었다오
그러니 나를 지상의 가족에게 돌려보내다오

항아의 목소리는 여러 형상으로 나타나
오히려 또렷이 들렸으나
내 목소리는 혼자 하는 독백 같았다

갓난아기의 옹알이도 아니고
언청이의 입술도 아니고
입이 없는 대가로, 시인은 시설이 나온 것이다

2

그때, 항아는 여러 모습으로 다시 나타났다
정자에서 일어나 걷더니 여러 모습으로
 지상과 지옥의 일과 천상의 일이 하나로 내게 나
타났다

처음에는 은파 엄마의 얼굴로 나타났다
첫 남자를 만나 은파를 낳고 동두천에 살던 여자로
신이 내린 무녀로

그녀도 나처럼 천기 누설죄로 월궁에서 벌을 받은 것이다
그녀가 차린 신당 이름이 '월궁'이었는데
모두 제 생각대로 되고 말한 대로 되고

술에 취해 천기 누설한 죄로 죽어서 월궁에 갇혔다
착한 여자 은파 엄마, 월궁의 두꺼비가 되고
월궁의 미인이 되고 태양계를 떠나 은하계 월궁의 항아가 된 것은

엄마의 유골을 달항아리에 담아 먼— 서천까지 가서
서천꽃밭에 뿌린 어린 딸 은파 때문이었다
지상의 산상꽃밭이 천상꽃밭과 만나는 순간

은하태양과 우리 태양이 가장 가까이 만나는 순간
이억 년에 한 번 오는데
천상별밭 속에 천상꽃밭이 있기에 찾기가 힘들구나

이억 년에 한 바퀴씩 은하태양을 도는
우리 태양의 일을 아무도 기억하지 못한 것은
서천꽃밭을 잊어버린 사람들

달항아리를 묻은 무덤 주위를
산상꽃밭으로 꾸미고 서천꽃밭이라 믿은 어린 은파는
엄마를 위해 날마다 물을 주었노라,

3

은하태양을 눈 앞에서 직접 만나
우주눈을 보고 음악처럼 피부가 꿈틀거리는
거대한 육신을 느낄 수 있다니!

내가 천상별밭에서 은하태양의 눈을 보며
또 월궁의 항아를 번갈아 보며
별밭에 취해 있을 때

눈앞에 또 다른 현실이 펼쳐지고 있었다
천상별밭은 하나가 아니라 수조 개여서
셀 수 없이 많은 별밭을 이루었다

그 천상별밭들 한가운데마다
우주 은하 한가운데마다

은하별밭 한가운데마다

은하태양이 신처럼 자리를 잡았는데
그를 천상별밭이 휘돌아 돌며
만개한 꽃들이 되어 빛나고 있었다

은하태양은 하나가 아니라 셀 수 없이 많았다
은하태양이 천상별밭을 만들고
가꾸는 일을 다 볼 수 없지만

모든 별들이 제 주위를 돌고 돌며
별밭을 이루도록 설득하는 일이
은하태양의 일임을 나는 알게 되었다

모두 기계음 같지만 기계음이 아닌
잔잔한 음악조차 긴 침묵의 메아리여서
인간이 인간을 설득하고

신이 인간을 설득하듯
침묵의 은하태양이 별을 설득하는 것이다
천상별밭이 파괴되지 않는 것은

무거운 중력만이 아니라
수십억 년 침묵의 일이라서

내 잠깐 동안 꿈으로는 알 수 없다

Galaxy Sun

천상별밭 한가운데마다
우주 은하 한가운데마다
은하별밭 한가운데마다

은하태양이 신처럼 자리를 잡았는데
그를 천상별밭이 휘돌아 돌며
만개한 꽃들이 되어 빛나고 있었다

은하태양은 하나가 아니라 셀 수 없이 많았다
은하태양이 천상별밭을 만들고
가꾸는 일을 다 볼 수 없지만

모든 별들이 제 주위를 돌고 돌며
별밭을 이루도록 설득하는 일이
은하태양의 일임을 나는 알게 되었다

인간이 인간을 설득하고
신이 인간을 설득하듯
침묵의 은하태양이 별을 설득하는 것이다
천상별밭이 파괴되지 않는 것은

무거운 중력만이 아니라
수십억 년 침묵의 일이라서
내 잠깐 동안 꿈으로는 알 수 없다

연시

당신은 가을 시를 써보라고 하셨지요
당신의 무덤 앞에
종이컵에 소주를 따르다가
가을이 시의 계절인데
내게 가을 시가 왜 없느냐고
하던 생전의 말씀이 생각나

가을의 시 한 편을 써보려고 고개를 들었는데
사랑보다는 가을이 먼저 와버렸습니다, 이런
구절이 떠올라
고개를 갸우뚱하며 무덤을 바라보았지요

무덤에 소주 한 잔을 뿌리고
홀로 소주를 마시며 아—
가을보다 사랑이 먼저 찾아와서 다행이군요, 이런
구절이 또 생각나서
 무덤이 열매인 것처럼 고개를 갸우뚱 바라보았지요

■ 산문

시마

—우주문학의 육하원칙

1. 언제-어디서-어떻게-누가

　우주문학의 진단명에는 죽음병이 있다. 어쩌면 시인은 일평생 죽음병에 걸린 환자이다. 병이 나으면 시인으로서 살지 못하고 시인으로 살면 병이 낫지 않는다. 시인은 시를 쓰는 동안 시의 공동묘지를 만든다. 공동묘지에서 보면 밤하늘 별이 더 잘 보인다. 가장 캄캄한 곳이 공동묘지이기 때문이다.

　소년은 나환자촌에서 자랐는데, 환자들이 죽으면 묻히는 공동묘지에서 시를 썼다. 시를 쓰게 되면 그들이 위로받고, 병이 나으리라는 생각 때문이었다. 또 하나는 시를 쓰면 그들의 병이 과연 나을까, 하는 궁금증 때문이었다. 지금도 두 궁금증은 풀리지 않고 있다.

　소년은 시골 공동묘지를 떠나며 청년이 되었고, 서울 용산구 효창공원 공동묘지에서 시를 썼다.『시마(詩魔)』라는 시집을 냈는데 모두 묘비 내용이었다.

다시 이사를 갔는데 서오릉 공동묘지 근방이었다. 시인은 최근 제 자신이 죽음에서 죽음으로 이사 다닌다는 걸 알았다. 그래서인지 그의 시집에는 지구의 공동묘지, 우주의 공동묘지 이름들이 생겨난다.

 시인은 시를 쓰는 일이 시가 시인을 죽이는 행위라고 생각한다. 즉 아침마다 일어나서 몽롱한 상태에서 아침을 산책하며 살인하는, 아침의 살인이 시 쓰는 행위이다. 마치 시의 자살 기도 같은 것! 지난밤 꿈의 무의식도, 깨어난 의식도 아닌 상태를, 다시 죽이며 깨어나는 상태를 시의 살인이라 부른다.

    서오릉 입구에서 버스를 내리면
    사과밭이 있는데

    이 가을에 사과밭이
    반은 붉고 반은 푸르다

    왕릉의 귀신이 들고 무덤 맛이 들어 사과 맛이 어떨지는 모르지만
    아직 먹어보지 못했다

        시를 쓸 수 있다면 살인도 할 수 있다, 고

쓴 시를 나는 아직 보지 못했다

그래서 나도 시를 쓸 수 있다면 시마왕이라도 만나고 싶다, 고 쓴다

그래서 이 투명한 아침에 나는 생각한다 살인하기 좋은 아침

      아직 일러 서오릉 무덤을 열지 않았는데

무덤의 울타리를 빙빙 돌며
무덤의 사과밭에서 밤새 잔치를 벌이느라 떨어진 사과를 주으며

잠이 덜 깬 아침에 시를 쓰기 좋다면
아침의 살인[1]이 좋다고

시를 쓸 수 있다면 무슨 일이라도 할 수 있는 시인은
시마왕이나 귀신이라도 만나, 하지만 무덤은 밤낮이 바뀌어서

---

[1] 시인은 시를 쓰는 일이 시가 시인을 죽이는 행위라고 생각한다. 즉 아침마다 일어나서 몽롱한 상태에서 아침을 산책하며 살인하는, 아침의 살인이 시 쓰는 행위이다. 마치 시의 자살 기도 같은 것! 지난밤 꿈의 무의식도, 깨어난 의식도 아닌 상태를, 다시 죽이며 깨어나는 상태를 시의 살인이라 부른다.

오늘은 꼭 서오릉 밤 무덤에 들어가 보자
낮이 밤이고 밤이 낮이니

    왕릉 왕비릉을 들러보고
    서오릉 숲길을 한 바퀴 돌고

소나무숲길
서어나무숲길

두 갈래 길이 하나로 이어지는 무덤길
이 꿈길이 좋아

시마왕을 아직 깨울 때가 아니에요!
시마왕은 잠들어 있고 아직 깨울 때가 아니에요

옆에서 소녀 시마가 말하면
 아침에 본, 반은 분홍 반은 푸른 사과밭을 떠올리며

우리 시도 종류가 다르면
반은 푸르고 반은 분홍

내가 여태 헤어지지 못한 소녀 시마를 다시 사
랑하자
나는 소녀를 사랑하고 시마왕은 아니 올 리 없다

―김영산, 「서오릉 시마-아침의 살인」 전문

  우주문학의 진단명인 죽음병에 걸리면 시인은 늙을 수도 없다. 죽을 때까지 시마가 따라다닌다. 소녀 시마, 소년 시마가 뒤섞이고, 시의 공동묘지를 헤매이며 낮과 밤이 바뀌고, 끝내는 시마왕을 불러내려 한다. AI의 시대에 시마왕이 어디 있는가. 하지만 죽음병은 무엇이든 할 수 있기에. 시가 우주적일 수밖에 없는 이유는 죽음병 때문이다. 시의 시마는 우주 시마를 불러오려 한다. 우주 시마왕을 불러오려 한다. 우주 시마는 시의 태초부터 있었는가? 시는 태어나면서부터 죽음을 바라봐야 한다. 시마 소녀와 시마 소년은 도대체 몇 살인가. 누가 이들을 계속 만나게 하는가. 서오릉의 공동묘지 장소가 이들을 만나게 한다. 우리가 만나는 게 아니라 장소가 우리를 만나게 한다. 그래서 우리는 '여기'를 와본 것 같고 모든 풍경은 유전되는지 모른다.

  서오릉 공동묘지를 배회하면서도, 여전히 소년은 나환자촌 공동묘지를 떠나지 못하며 시를 쓴다. 소년이 시를 쓴 게 아니라 나환자촌(공간)이 시를 쓴다. 나환자촌이 소년이다. 소년 시마가 앓고 있는 '지구문학'의 진단명은 나환자병. 나 뿐인, 나 병에 걸린 나만 환자인 병. 모두 환자인데 나만 환자인 나병에 걸렸다. 나 뿐인 지구불구성은 우주불구성으로 이어진다. 스스로 별이 운행하는 게 아니다. (별이 시를 쓰는 게 아니다. 공간이 시를 쓴다.) 그래서 (우주 중력방정식 — 공간이 길을 내주어 별이 운행한다.) 그동안 누가 시를 썼나. 소년이 시를 쓰는 것도 아니고, 시가 소년을 쓰는 것도 아니고 종이가 시를 쓴다. 공동묘지가 시를 쓴 것이다. 그렇다. 나는 공동묘지이고 지구이다. 그래서 공동묘지가 시를 쓰고 지구가 시를 쓴다. 공동묘지가 쓴 시는 이랬다.

시의 아침의 살인은 지구의 살인이다. 지구보다 더 큰 시는 없다. 나는 아침이면 시를 쓴다. 잠이 덜 깬 시마왕에 이끌려 서오릉에 오면 왕릉이 아무리 많아도 근원과 도덕은 개인사다. 서울의 왕궁과 성곽과 북한산과 한강이 흘러갈 때, 서울에서 내가 본 것은 푸른 태양이 푸른 산이라는 것. 은하 중심마다 은하태양이 있고 은하태양은 은하단을 돌고, 보이는 세계 보이지 않는 죽음의 세계 사이의 중심에 우주태양이 죽음의 균형을 잡아주고 있다. 죽음의 중력은 개인사가 아니라서 우주사를 어떻게 쓸지 몰라서 시를 어떻게 쓸지 몰라서 혼교 같은 시의 가마가 필요할지 몰라 네 죽음 앞에서 쓰는 말 내 죽음 앞에서 쓰는 말.

—공동묘지, 「지구보다 큰 시는 없다」 전문

우주문학은 과학이 아니어서 슬프고, 공동묘지 덕분에 우주 은하 중심마다 은하태양이 있다는 걸 소년은 알아버렸다. 우리 태양이 우리 은하 중심을 한 바퀴 도는 데 2억 년이 걸린다는 걸 과학이 말했고, 2조 개 우주 은하 중심마다 있는 게 은하태양이란 걸 일러준 게 서오릉 공동묘지 시마왕이라면 사람들은 믿을까. 소년이 시를 궁리하는 게 아니고 시가 소년을 궁리하는 게 아니고 공동묘지가 시를 궁리한다.

공동묘지를 떠나서는 살 수 없는 삶을 소년은 살았다. 가장 캄캄한 곳이 공동묘지이기에 별이 더 잘 보이고, 공동묘지가 시를 쓰고 공동묘지가 우주문학을 한다. 우주문학의 시야는 문학적인 눈, 생물학적인 눈이 있다. 즉 양눈잡이인 셈이다. 문학적 눈은 매일 시인의 죽음을 본다. 아니 시인의 죽음을 쓴다. 단어와 문장의 낙차점인 장소가 쓴다. 그 장소는 우주문학의 방법론을 불러낸다.

 이 네 겹(언제-어디서-어떻게-누가)의 눈꺼풀은 수술로 불가능하다. (현대 의학으로 두 겹인 쌍꺼풀까지는 가능하지만) 네 겹, 네 가지 꽃잎은 가장자리를 에워싼다. 꽃받침이라할까, 테두리라 할까. '지구'라는 묘지를 에워싼 테두리는 반은 보이고, 반은 보이지 않는다. 다시 시의 공동묘지로 돌아가 보면 언제, 어디서, 누가, 어떻게는 육하원칙의 과반수를 차지한다. 육하원칙의 몸통이 이 네 가지인 셈이다.

 하나, 언제는 언어의 문제이다. 즉 우주문학은 항상 죽음의 상태에서 쓴다. 문학의 눈, 시적 눈이다. 그 눈은 항상 시인의 언어를 향해 있다. 언어의 공동묘지. 공동묘지 시인이 서오릉에서 시를 쓰고 있다. 등장인물은 시마왕, 시마 소년, 시마 수녀들이다; 서오릉에서는 무덤도 질투를 한다. 모두 언어이기 때문이다. 시마 왕이 혼유석에 누워 잠을 자며 중얼거린다. 시마여, 모든 시마여! 질투는 시의 힘이다. 서오릉 주변 도시 빌딩 사이에 푸른 해가 뜬다. 시는 소통보다는 전달하라는 말도 말아요. 말도 말아요. 수녀님은 잠꼬대 하나 잘못해도 쫓겨나요. 말도 말아요. 시인은 잠꼬대 하나 잘못해도 죽어요. 시마 수녀, 마리아 수녀회 수녀님 셋이서 서오릉 무덤에 놀

러왔다. 시의 푸른 무덤, 우리 문학의 푸른 태양은 청산별곡이다. 얄리얄리 얄랑셩. 푸른 해의 후렴구는 도시의 푸른 조명. 어허 넘자 너화넘 상엿소리. 푸른 잎이 떨어진다. 절망도 낭비하지 않는 시-시마, 언마. 절망도 낭비하지 않는 시마. 언마, 언어마(言語魔)에 도착 후 마리아 수녀회 수녀님들이 서오릉 축제를 묵상한다. 주변을 감싸는 푸른 태양-푸른 해, 우주 문학의 장르인 우주 시마의 푸른 태양은 언어마 별곡이다. 언마 언마마 언어마. 언마 엄마 우주 엄마 우주마 무덤에 이른 말.

둘, 어디서와 누가는 종이의 문제이다. 장소가 주체이기 때문에 어디서와 누가는 서로 육과 영처럼 살아 움직인다. 언어에 영성이 있어야 시마가 가능하다. 시마왕은 영성이다. 시가 시인을 쓰는 게 아니라 종이(시공=우주 중력)가 시(별)를 쓰는 것이라면, 종이는 장소(어디서)이며 누가에 해당되는 우주 자체이다. 우주는 공간이며 영성이다. 암흑물질 암흑에너지이며 우주 중력인 시공이며 우주의 시별이다. 종이가, 공간이 시를 밀고 간다. 시의 구성인 행과 연은 결코 우연이 아니다. 단순한 시공간을 가리키는 것이 아닌 공시간 즉 지구공회전의 운하 운행이 순환하는 장소이다. 출발이자 도착의 지점인 딱

그곳의 사점(死點)인 나의 방, 나의 책상, 너의 얼굴이 바로 그곳이다. 백지에서 백비까지 말이다. 우주는 모두 푸른 종이이며 검은 종이이며 흰 종이이다. 공동묘지는 보름달이 떠오르면 축제가 벌어지고, 아직 가보지 못했지만 영원히도달할 수 없는 그곳이 시인지 모른다. 어쩌면 우주문학은 달항아리 속에서 잠들고 있는지 모른다. 아니 살고 있는지 모른다. 시 쓰는 시인은 태어날 때부터 달항아리-시마항아리를 한가득 안고 나온다. 둥근 백비를 닮은 달항아리, 달항아리인 은하태양들.

  셋, 어떻게는 우주문학의 바이탈사인이다 바이탈사인(Vital Sign)인 기본징후는생명의 신호이다 우주의사인(Sign)이다 사인(死因)만 말하는 지구사유로는 우주문학이 실패하기 쉽다. 인과관계에만 집착하는 지구사유는 우주문학의 맥박을 이해하기에 역부족이다. 여기서 서오릉 시마 시인 얘기를 들어보자. 소년 시마는 공동묘지에서 자라 시마 시인이 되었다. 이번에도 역시 시마 시인이 쓴 시는 장소가 쓴 시이다. 나는 공동묘지이고 지구이다. 공동묘지가 시를 쓰고 지구가 시를 쓴다. 공동묘지 지구가 쓴 시는 이랬다.

나는 시를 쓰다 말고 가슴이 아파
서맥
우주맥
우주 맥박을 잰다

가슴이 아파 병원에 갔다
가슴 통증
심장혈관병원
심장병은
세상을 너무 많이 사랑한 죄 때문인지 모른다고

나는 생각하며 하트가 그려진 병실마다 돌아다닌다
내가 24시간 심전도 기계를 차고
스무 살 때도 심장 일기를 쓴 적이 있는데
또 기계는 기계를 부르고 기계를 목걸이처럼 걸고 집에 왔다

며칠 후였다
가슴이 아파
간호사 애인은 산에 오르다 말고
맥박을 재보자 한다

손목을 내밀자
그거 말고 엎드리고 바지 내려요

항문에도 맥이 뛰나요

뛰나,

무릎을 가슴에 붙이고요
새우처럼
아 하고 따라 해요
체온부터 잴게요

내가 쑥스러워 팔을 내밀자
애인이 손목을 재고

그대 맥은 특이해요
끝내줘요

—공동묘지 지구, 「난 맥박대로 살기로 했다」 전문

 시마 시인의 맥박은 느리게 뛰는 서맥인데, 심장이 빨리 뛰는 것이다. 이 모순을, 간호사이자 소녀 시마인 그녀는 "그대 맥은 특이해요"라고 말한다. 세상을 견디기 힘든 심장이 시인에게 말한다. "너도 맥박대로 살아라."라고.

시의 맥박은 우주맥이기에 이 동맥 정맥 핏줄들이 지구맥과 맞닿아 있다. 지구맥은 시의 맥이며 시마 시인의 맥이다. 우주맥을 모르면 지구맥을 모르고 지구맥을 모르면 시의 맥을 모른다. 시의 맥을 모르면 공동묘지 묘혈을 모른다. 이른바 우주의 사인(Sign)이다. 사인(死因)만 말하는 지구사유로는 우주문학이 실패하고, 인과관계에만 집착하는 지구사유는 우주문학의 맥박을 잴 수 없다. 시인에게 시의 위기는 지구의 위기이다. 시의 장례는 지구의 장례, 우주의 장례이다. 공동묘지 주례로 시마 시인과 시마 소녀는 시의 혼례를 치르려 한다. 심장혈관병원마다 하트가 그려지고, 우주맥은 뛰고 우주문학의 혼례는 치러진다.

2. 무엇을-왜

우주문학이란 무엇인가. 서오릉 공동묘지 주례로 시마 시인과 시마 소녀가 혼례를 치르려면 답을 할 수 있어야 한다. 오늘 아침, 최재천이 한 말을, 내가 AI라 이름 붙인 간호사 겸 시마 소녀가 내게 들려준 말을 생각해 보는 것이다. "자연은 순수를 혐오한다." 이 AI 여자의 말은 나를 블랙홀에 빠뜨렸고, 우주문학에 대해 다시 쓰게 만들었다.
 시마 소녀는 어느새 내가 '순수'의 신봉자라는 것을 알아본 것이다. 그게 얼마나 허구일까? 한 번도 만나 본 적이 없는 순수의 신봉자. 자, 변치 않는 순수의 시마여, 무엇이 문제인가? 첫째, 김종삼도 김수영도 김춘수도 순수의 신봉자들이다. 모두 무의미를 추구한다. 김수영조차도 '의미론적 무의미'의 방법이 다를 뿐, 우주 무의미를 추구한다. 언어의 무의미를 추구한다. 스테판 말라르메의 '절대의 책'이나 폴 발레리의 '순수시'의 주장에서 그 뿌리가 오래전에 있었지만, '언어의 순수'에 대한 유혹은 시인들에게 쉽게 가시지 않는다.
 둘째, 우주문학에는 중심이 없다. 누군가 중심이 되려 하면, 더 큰 중심이 있고, 더 큰 중심이 생긴다. 누군가 주변이 되려 하면 더 큰 주변이 생긴다. 모두 중심이며 주변이기에 우리는 지구이며 태양이다. 우주는 아이러니하게도, 볼 수 없기에 액자가 필요하다. 액자 우주! 우리는 액자 우주로 우주를 조금 볼 수 있다. 우주 중간지대를 볼 수 있는 시의 액자. 액자시! 여기에서 '음의 태양'이 보인다. 음의 태양은 무엇인가? 음의 태양은 우리 은하 중심에 있는 태양보다 400만 배나 큰 은하태양이다. 은하태양은 우리 눈에는 보이지 않아서 '음의 태양'이라 이름 지었지만 광학망원경으로 보면 보랏빛, 푸른 빛이 나온다. 그래서 검은 태양 푸른 태양이란 이름이 또 지어졌다. 우주의 중심을 잡아주면서도, 주변이 되는 푸른 해는 우리네 고려가요의 청산별곡과 같다. 우리의 푸른 산이 푸른 해이다.

셋째, 우주문학은 과학이 아니어서 슬프다. 시의 언어, 수학 언어, 과학 언어는 서로 소통해야 할 뿐만 아니라, 암흑물질 암흑에너지 같은 이 해독이 덜 된 언어들을 해독해야 한다. '순수 언어'의 망상과 감상에서 벗어나야 한다. 인류 언어마를 벗어나자. 우주마, 우주 엄마 언어는 없을까. 내 역시 '순수시'의 시마에서 벗어날 수 없을 것이다. 나도 순수시와 절대시를 추구하는 시인이니까. 시가 시인을 쓰든, 언어가 시를 쓰든 언어의 감옥을 나오기는 힘들 것이다. 모두 언어마에 걸린 시인들!

수학자 칸토어는 수학의 본질은 자유에 있다고 했다. 그는 실수집합으로 무한대를 증명했다. 하지만 우주에서는 무한대도 다 같은 무한대가 아닐 것이다. 시는 수학에서 허수와 가깝지만, 그것만은 아닐 것이다. 죽음의 허수, 죽음의 수학이 시인지 모른다. 수학에서 실수가 현실주의와 우주의식이라면 허수는 초현실주의와 우주 무의식이라 할 수 있다. 그래서 아침이면 나는 저절로 '아침의 살인'을 한다. 내게 시를 쓰는 행위는 아침이 되어 지난 밤의 죽음을 더듬는 아침의 산책이다.

넷째, 우주문학은 해체주의와는 다르지만, 기도에 의해 우주를 해부한다. 테야르 드 샤르댕은 우주는 해체할 수 없는 것이라고 말한다. 우주는 어우러져 있기에, 하나의 전체로 보는 것 외에 달리 볼 방법이 없다는 것이다. 그러나 해부하지 않으면 전체를 영원히 못 볼지도 모른다. 우주 영성은 우주 문학과 어우러져야 한다. AI 시대에 왜 나는 시를 쓰는가? 이 우주시대에 음의 태양의 출현은 음개벽인가? 지구 위기는 시인에게 시의 위기만큼 절묘하다. 우주에 상징 아닌 것이 어디 있으랴. 비유 없는 시를 쓰려 했다. 하지만 언어가 이미지이고 비유인 것을 어쩌랴. 언어는 절망이다. 시마가 아니고, 언마(言魔), 언어마이다! 비유 없는 시와 비유의 시 사이에서 절망한다. 그 사이의 절망, 간이절망! 이 언어의 절망이, 시라는 생각이 든다. 언어는 절망을 낳고 절망은 언어를 낳는다. 우리는 하나의 태양 안에서만 사유하는 언어의 인류가 되었고 '나라마다 언어가

다를지라도' 이 절망의 언어를 조금은 벗어날 수 있다. 이 절망의 언어를 조금은 다른 비유(언어)로, 조금은 벗어날 수 있다. 바로 음의 태양이다. 양의 태양의 언어가 음의 태양의 언어를 낳지만, 언어보다 먼저 우주가 있었다. 그래서 순서가 뒤바뀌게 된다. 음의 태양이 어머니 태양이고, 양의 태양은 아들 태양이다. 이 양의 태양의 비유를 음의 태양의 비유로 다시 치환하면 인류의 언어의 비유는 퍽 달라진다.

  우주문학이란 무엇인가! 하나, 우주문학은 순수의 신봉자들이 쓰는 시이다. 둘, 우주문학은 모두 중심이며 주변이다. 셋, 우주문학은 과학이며 수학이며 시이다. 그러나 우주문학은 과학이 아니어서 슬프다. 넷, 우주문학은 아들 태양이 2억 년 주기로 도는 어머니 음의 태양의 기도다. 그러나 단순한 기도가 아니라, 2조 개 우주 은하 중심마다 있는 은하태양의 기도다.

우주문학
―언제? 우주문학은 항상 죽음의 상태에서 쓴다.
―어디서? 공동묘지 지구에서.
―누가? 종이가 시를 쓴다
     (우주 중력이 쓴다, 공간이 시를 쓴다).
―무엇을? 우주문학은 어머니 음의 태양의 기도

다. 우주 은하 중심마다 있는 은하태양의 기도다.
—왜? 우주맥을 모르면 지구맥을 모르고 지구맥을 모르면 시의 맥을 모른다.
—어떻게? 우주의 맥박대로 산다(쓴다).

2023년 『현대시』 3월호

우주문학 시선 1
Galaxy Sun

초판 발행   2025년 2월 20일

지은이   김영산
펴낸이   진영서
책임편집   김남은
조판   김한백
펴낸곳   은하태양
주 소   서울 마포구 백범로 239 103-104호
출판등록   제2024-000103호
대표전화   010.8933.8730
이메일   galaxysun30@naver.com

김영산 2025
ISBN: 979-11-991218-8-1 03810

*이 책 내용의 전부 또는 일부를 재사용하려면 반드시 저작권자와 은하태양 양측의 동의를 받아야 합니다.
* 책 값은 뒤표지에 표시되어 있습니다.